U0579437

顾拜旦传

李丹丹　编著

国文出版社
·北京·

图书在版编目（CIP）数据

顾拜旦传 / 李丹丹编著. -- 北京 ：国文出版社，
2025. -- ISBN 978-7-5125-1838-4

Ⅰ. K835.655.47

中国国家版本馆CIP数据核字第2024RB2537号

顾拜旦传

编　　著	李丹丹	
责任编辑	戴　婕	
统筹监制	杨　智	
责任校对	周　琼	
出版发行	国文出版社	
经　　销	国文润华文化传媒（北京）有限责任公司	
印　　刷	文畅阁印刷有限公司	
开　　本	880毫米×1230毫米	32开
	6.5印张	131千字
版　　次	2025年3月第1版	
	2025年3月第1次印刷	
书　　号	ISBN 978-7-5125-1838-4	
定　　价	59.80元	

国文出版社

北京市朝阳区东土城路乙 9 号　　　　　邮编：100013

总编室：（010）64270995　　　　传真：（010）64270995

销售热线：（010）64271187

传真：（010）64271187-800

E-mail：icpc@95777.sina.net

顾拜旦（1863—1937 年），现代奥林匹克运动创始人，法国教育家。

1883 年首次提出举行世界性体育比赛的设想。1892 年在巴黎发表著名的"复兴奥林匹克"演说。1894 年 6 月在巴黎成立国际奥林匹克委员会，被选为秘书长，并促成 1896 年第一届奥运会在希腊雅典举行。

1896—1925 年任国际奥委会主席。1925 年起任国际奥委会终身名誉主席。为奥林匹克运动的复兴和发展做出了巨大贡献。

目　录

第四章　举办奥运会

第五章　忧虑的晚年

第一章

童年时光

出生在贵族家庭

1863 年的元旦,天刚微微亮,在巴黎乌迪洛街一座寓所二楼的一个房间里,传出了一声清脆的新生儿的啼哭声。这是玛丽·马赛尔·顾拜旦夫人的第四个孩子。

在这之前,玛丽·顾拜旦夫人已经生育过两子一女了,因此她本想这次也在诺曼底的摩威尔庄园生产。但是,她的丈夫查尔兹·福雷迪·德·顾拜旦男爵更相信住在巴黎对母婴有利,因为这里有技术高超的名医。于是,她在产前只好随丈夫来到了巴黎,住进了乌迪洛街上的寓所。

查尔兹男爵对第四个孩子的降临感到满心欢喜。他看着刚出生的儿子那通红的小小躯干和手脚,还有那小巧精致的五官,就像是在鉴赏一件珍贵而脆弱的精美瓷器一样。他为自己的小儿子取名为皮艾尔·德·顾拜旦。

顾拜旦家族是一个历史悠久、地位显赫的世袭贵族家庭。据说曾经有一个姓福雷迪的祖先,是意大利移民,他在 1471 年因效忠法国路易十一国王有功,被授予了贵族爵位。1567 年,贵族福雷迪的一个曾孙从皇室获得了巴黎附近一处名叫顾拜旦的封地,因此他宣布将自己的姓氏改为福雷迪·德·顾拜旦,从此后代就沿袭了这个颇有来历的复杂姓氏。

多少年以来,顾拜旦家族一直属于法国的上层,大多数的后

代成为骑士、军官、外交官、科学家、艺术家和高级神职人员。因此,这个大家族历代都人才辈出。

后来,查尔兹继承了路易十三国王赐封给先辈的男爵爵位,还有家族积聚的大量土地、房屋、艺术收藏品等巨额财产,并且每年还有大笔租金、利息等进项。尽管查尔兹在政府部门挂着闲职,但是他却将大半时间都耗费在了艺术领域。因为他从小就热爱绘画,还在著名的绘画大师那里学习过绘画技艺。

查尔兹曾在意大利居住过好几年,他还经常到欧洲各地旅行,寻访文艺复兴时期以来大师们的作品,收藏了不少水彩、油画等绘画名作。后来,他渐渐成了颇有名气的水彩画家,尤其擅长宗教题材的人物肖像画。他的作品《罗马红衣主教在散步》曾被当时的法国皇帝拿破仑三世收藏。

查尔兹为人机敏圆滑,他既是虔诚的天主教徒,又是气质浪漫、交游广泛的艺术家,他的朋友中既有恪守老传统的世袭贵族,也有不少思想前卫的新潮文人和艺术家。

查尔兹的妻子玛丽与丈夫一样也是出身名门,她是第一位诺曼底公爵维京诺罗的后代、德米尔维勒伯爵的孙女。这个贵族世家的淑女天生丽质,受到过良好的教育。因此,玛丽懂得希腊语和拉丁语,还可以熟练地阅读欧洲各国的古典文学作品。

玛丽也很擅长绘画,她还热衷于体育锻炼,不仅喜爱体操,还常常和娘家的堂兄弟们一块儿练习击剑。就这样,相似的家族背景撮合了这对才子佳人,艺术方面的共同爱好使查尔兹和玛丽走到了一起。

位于诺曼底的摩威尔庄园，是小皮艾尔外祖父的房产，始建于 16 世纪。查尔兹和玛丽都非常喜欢这里的风景，更喜欢这里的风土人情，因此他们大多数时间都定居在这里。

小皮艾尔很喜欢和农家的男孩子们在田野、树林里玩耍，尽管和农家的男孩子相比，他的身材要瘦小很多，但是，他长相可爱，口齿伶俐，因此附近牧场和小镇上的农夫和仆人们都很喜欢他。

小皮艾尔的外祖父名叫艾迪安·基高尔德·德·克里瑟努瓦。他跟小皮艾尔的祖父一样，从祖上世袭了男爵的爵位，也同样因突出的军功而被授予了"法国荣誉军团勋章"。

1844 年，当艾迪安唯一的孩子玛丽与查尔兹订婚时，他就把家人喜爱的摩威尔庄园作为嫁妆之一赠予了女儿和女婿。小皮艾尔的母亲爱着庄园里的人们，就像她爱着上帝一样。她曾在烛光下苦读医书，为的就是能给大家治病，为大家排忧解难。

就这样，许多生病的人都面带羞怯、鞠躬行礼地来到摩威尔庄园，他们希望玛丽能医治好自己的病。这时，玛丽就会竭尽全力用自己所学帮助他们，并和蔼可亲地为他们提出各种建议。

当玛丽听说有人病得太严重且无法到庄园来时，她就会亲自到他们那些石木墙、泥土地面、茅草屋顶的破旧的家里去探望。有时候，她还会带着小皮艾尔和姐姐玛莉娅一起去，让两个孩子看着自己工作。

在乡间的早晨，小皮艾尔总是起得很早，这时庄园的大门打

开,工人们开始工作了。小皮艾尔推开二楼的窗户向外望去时,
仆人们的孩子早就在铺着碎石子的院子里开始追逐打闹了。这
时候,厨房里食物的香气也顺着楼梯爬上来,钻进他的鼻子里,
令他垂涎欲滴。

小皮艾尔总是喜欢跟其他孩子一起,在厨房壁炉旁的大
桌子边吃薄饼、水果、奶油。吃过饭,他就领着那些孩子们跑出
去,经过马厩,越过石桥,跑到树林里。就在那儿,他们跑、跳、爬
树……尽管小皮艾尔身材瘦小,但是他的体格却一点儿都不差。

小皮艾尔瘦小的四肢蕴含着与之不相称的力量,他越来越
感觉自己的平衡性很棒。追逐时,他总是能比别的男孩跑得更
快更远;打闹时,他能轻松捉弄别人,又能迅捷地挣脱;踢球时,
他能毫不费力地把球控在脚下,不让别人抢走……

小皮艾尔喜欢身体接触,且求胜心切。后来他才意识到,原
来这些都是自然而然的事:在他还是个婴儿时,他的两个哥哥保
罗和阿尔贝德就待他非常"粗鲁",他们总挠他痒痒,或追得他四
处乱跑。

长大一些之后,哥哥们开始教他拳击、摔跤、游泳,还教他在
摩威尔庄园的湖里划船。他们还教小皮艾尔玩各种球类运动以
及击剑。在小皮艾尔刚到学骑马的年纪,哥哥们就把自己马匹
的缰绳塞到了他的手里。

哥哥们带他出去时,小皮艾尔在马背上无所畏惧。他喜欢
骑马飞越,更喜欢将两个哥哥甩在身后。他就像个小骑师一样
纵情疾驰,将身体与马的运动节律合二为一,听着马的呼吸,感

受着自己的心跳。就这样,童年的小皮艾尔在摩威尔庄园里获得了无尽的乐趣。

在家里时,小皮艾尔的母亲会用语言、文学和音乐来拓展他的思维。母亲的英语很流利,小皮艾尔也学得很轻松。他欣喜地发现,他能用父亲听不懂的语言跟姐姐说话。母亲还教他弹钢琴,姐姐则教弹竖琴。起初他不愿学,可音乐的魅力无可抵挡,他很快就喜欢上了手指在琴键上跳跃的感觉。后来,父亲还把他带进画室,教他素描和水彩。

有很多个夜晚,每当小皮艾尔从书页上抬起头来时,就会看到全家人都在默默地阅读,因为顾拜旦家族一直有着受良好教育的传统,所以全家人都很喜欢文学和艺术类的东西。也正因为如此,家里的藏书涵盖了法国文学巨著、艺术和历史典籍等。

小皮艾尔很聪明,他能从阅读中找到快乐,所以他对文学的理解比哥哥姐姐小时候都深。他尤其是对经典名著非常感兴趣,比如《伊利亚特》《奥德赛》《埃涅阿斯纪》等,所有古希腊、古罗马的事物都深深地吸引着他。在翻阅父亲和母亲的家族史时,他感到由衷的自豪,也开始明白顾拜旦家族曾在一个伟大的国家有所建树的荣耀。

童年的小皮艾尔在诺曼底的那段美好时光,少不了白色的艾德勒塔海岸。艾德勒塔位于摩威尔以北30英里(1英里合1.6093公里),在英吉利海峡一侧,是艺术家的天堂。当地的酒馆、酒吧、旅馆、沙龙里全是诗人、作家、画家以及音乐家等。

小皮艾尔的父亲有时候会在这里租下一个房子,然后带着

全家到这里来住一个星期,以便自己作画。因此,海岸上经常会出现这样的情景:阳光下的沙滩上,小皮艾尔跟母亲、姐姐坐在毯子上,身下是温暖的沙砾;他的两个哥哥在不远处的海水中嬉戏;父亲头戴草帽,身着工作服,站在画架前,凝望着远处海峡里汹涌的浪涛冲击岸边的悬崖。

被罗马文化熏陶

　　顾拜旦庄园位于巴黎的谢芙勒兹山谷中,就在凡尔赛宫以南,是小皮艾尔的祖父和祖母的地产。查尔兹在这里保留了一间画室,正是他小时候学画画的地方。

　　画室在房子的最上面一层,也就是五楼,它占据了整个一层楼的阴面。房子北面,风景完全被荣军院的圆顶教堂占据。由于查尔兹认为路易十四时代是文明的巅峰,所以,他的作品大都与帝王有关。

　　在当时,小皮艾尔在自己家的屋顶上就能一览巴黎的历史。因为那时周围的高楼大厦还未盖起,他从屋顶上就能看到巴黎圣母院的尖顶,以及先贤祠的圆屋顶,还能看见在塞纳河对岸的凯旋门、新巴黎歌剧院以及市政厅。当然,后来也能看到埃菲尔铁塔耸立云端的样子。

　　查尔兹在工作时,从来不准小皮艾尔的两个哥哥到他的画室里去。但是却允许小皮艾尔以及姐姐玛莉娅随意上去。因为姐姐玛莉娅是父亲的掌上明珠,能让他感到温馨,小儿子皮艾尔更是任何时候都能陪在他身边的。查尔兹甚至还给小皮艾尔准备了绘图板和小画架。

就这样,小皮艾尔和玛莉娅成了父亲最喜欢的模特,他们姐弟俩还一起被画进了父亲的名作《传教士的离开》中,这幅画后来还曾在 1869 年的巴黎沙龙上展出。

小皮艾尔平时最喜欢到画室去看父亲工作,有时,他也会拿起自己的绘图板和小画架,把父亲工作时的样子画下来。就这样,他们父子之间的关系非常亲近。

顾拜旦一家经常去西班牙、瑞士、比利时和卢森堡等国家旅行。有时他们也会去英国旅行,他们喜欢攀登著名的伦敦塔,浏览苏格兰秀丽的乡村。但是,他们去得最多的国家还是意大利。

冬天,诺曼底和巴黎都被刺骨的风雪和浓雾笼罩着,而这时濒临地中海的意大利却仍然沐浴在温暖明媚的阳光中。温和的气候、热情豪放的意大利人与精美可口的地中海美食,就像是一块巨大的磁石,牢牢地吸引住了顾拜旦一家人的心。

由于当时巴黎和罗马之间还没有直达的火车,于是顾拜旦一家就乘坐火车、马车连续中转,然后沿着阿尔卑斯山脉长途跋涉。

晚春初夏,阿尔卑斯山的诸多山谷中满是树木、杜鹃的芳香,小皮艾尔喜欢极了,因此当母亲建议一家人乘火车到马赛,然后乘船直达罗马时,他更高兴了。与走陆路相比,小皮艾尔更喜欢这条路线,许多年后他在为奥运会奔走时,选择的也是这条

路线。

意大利城市的宫殿、广场和街头,到处都是比真人还大的人体雕塑。有一天,小皮艾尔在罗马的一个宫殿里看到一个弯着身子的男子塑像,他的头向右边偏埋着,左臂下垂,掌心撑住弯曲的右膝,右臂向后举起,手里握着一个圆盘。

小皮艾尔对这个雕像感到非常好奇,于是问父亲:"他在做什么?"

父亲说,这是古代希腊的运动员,他正准备投出手中的铁饼。古希腊人热爱运动,他们经常举行竞技比赛,参加的都是身体强壮健美的青壮年男子,谁得到冠军,就奖给他橄榄树枝,他就成了英雄,大家都为他感到骄傲。这是古希腊著名雕塑家米隆为一个铁饼运动员塑的像,已经有两千多年了。可惜的是,米隆的原作已遗失。这是公元2世纪,罗马皇帝命人重造的《掷铁饼者》。

听了父亲的讲解后,小皮艾尔爱上了这个雕像,他竟要求父亲把雕像买下来,然后带回摩威尔。可是,这个雕像是意大利的国宝,无论谁出多少钱都买不走它。因此,小皮艾尔气得号啕大哭起来。无奈,父母只好把他带到商店里,给他买了个一模一样的缩小版《掷铁饼者》,小皮艾尔的情绪才缓和下来。

在罗马,小皮艾尔跟着父亲了解了这个古城的历史和意义,他为古罗马领导者们遗留下来的竞技场、君士坦丁凯旋门、图拉真浴场等一系列名垂千古的古迹而感到震惊。

尤其是宽广壮丽的古罗马城市广场,这里是罗马城的核心,原为沼泽地带，大约公元前 6 世纪加以整修，成了市场和集会之地。历代统治者都在这里修建庙宇、宫殿、会议场所、政府机构，因此这个广场便成了政治、宗教、商业和公众活动的中心。

父亲还带着小皮艾尔游玩了帕提农神庙、纳奥娜广场、许愿池、鲍格才别墅和格才美术馆。在美术馆里，小皮艾尔见到了 17 世纪意大利伟大的艺术家贝尔尼尼的名作《大卫像》。

一处处遗迹走过，一幅幅景象看过，小皮艾尔开始明白：在这伟大的遗产背后，在这曾经蓬勃的人类创造力背后，是一个充满创意的人类社会，一个文明的社会。在这里，艺术被高度重视，被视作生命的终极表现。

在罗马众多不朽的艺术作品中，小皮艾尔还看到了祖先的痕迹以及他父亲的荣耀。那时，他第一次感觉自己的名字里蕴含着多么厚重的历史荣誉感。在梵蒂冈博物馆的展墙上，小皮艾尔见到了父亲最受赞誉的作品《教皇的扈从》。24 英尺（1 英尺等于 12 英寸，合 0.3048 米）长的画布上，描绘了一队队身着盛装的教会高层。这是一幅历史档案，记录的是由教皇庇护九世发起的宗教会议。

最令小皮艾尔感动的，是梵蒂冈博物馆中的克莱孟博物馆里面的奇迹之作《拉奥孔与儿子们》。尽管此前他曾在父亲的画作中看到过这座雕塑的样子，也曾一遍遍听说它是如何被献给教皇的故事。但是，这次面对雕像带来的感染力和冲击力，他却毫无准备。

拉奥孔痛苦的表情，以及他心知儿子们也将随他死去而表

现出的强烈情绪,深深地打动了小皮艾尔。和千万个感同身受的游客一样,他也想伸出援手,加入拉奥孔父子与海蛇的战斗中,然后把他们解救出来。

父亲对小皮艾尔说,正是因为发掘出了《拉奥孔与儿子们》这座雕像,教皇尤里乌斯二世才考虑在1506年建造梵蒂冈博物馆,而这里后来更是成了世界闻名的艺术宝库。听到这些,小皮艾尔感觉历史仿佛就在他的血管里流淌。

接着他们又去了贝尔维德尔庭院。父亲告诉小皮艾尔说,梵蒂冈博物馆正是始于这个华丽的封闭式庭院,因为这里就是教皇尤里乌斯二世放置拉奥孔雕像的地方。在此之后,庭院里又添加了2座古希腊的杰作《阿波罗像》和《安提诺乌斯像》。这些年来,3座雕像吸引了成千上万的游客,也促成教廷收集更多雕塑和艺术品来赞颂上帝的荣耀。

意大利也有让小皮艾尔难过的地方,因为他在教堂广场和豪华旅馆外面,经常看到成群的乞丐,其中有不少是和自己年龄差不多大的孩子。

每当看见这些乞丐四处行乞的情形时,小皮艾尔开心的笑容就会瞬间消失。他紧紧咬着嘴唇,眼里含着困惑。小皮艾尔的母亲是个富有同情心的天主教徒,因此旅途中她常常会特意准备一些钱、衣服和食品,以便碰上乞丐或者流浪儿时将这些东西送给他们。就这样,旅途的贫困景象和母亲的仁爱行为,早早就渗透进了小皮艾尔幼小的心灵当中。

崭露出体育的天赋

1868 年秋天,小皮艾尔已经 5 岁半了,他被父亲送进了巴黎一所耶稣会的小学读书。这个小学的学生们每天早晚都要做很长时间的祈祷,而且课程里面还有大量的宗教内容,最重要的是,这个学校对学生的管理非常严格、苛刻。因此,为了锻炼儿子的独立和自强能力,查尔兹毫不犹豫地将他送入了这所小学。

幸运的是,小皮艾尔能从枯燥的课文中发现蕴含其中的知识和乐趣,因此那些课文对他来说就不再是僵硬的教条,而是成了他把玩消遣的趣味天地。

就这样,小皮艾尔学习非常积极主动,并且他的成绩也很优秀。他那白里透红的娇嫩肌肤、天真无邪的面容以及充满笑意的大眼睛总是让人一见面就能产生好感。再加上他彬彬有礼的样子,简直是一位是颇有教养的小绅士,因此大家都非常喜欢他。

但是,令小皮艾尔最难受的是,学校里可以自由活动的时间太少了,他们只有短暂的课间和吃饭时间。因此,晚上睡觉前的时间是他们一天中最快乐的时光。只要睡前检查的学监提着灯刚一离开,他们就会立刻钻出被窝,玩纸牌、掰手腕。他们还会模仿老师、学监的言谈举止,逗得彼此捧腹大笑。

读写能力出众的小皮艾尔,很快就学会阅读父亲订阅的几

份报纸了。1870年春天,他在报纸上读到了一个新鲜有趣的消息:希腊人仿照古代奥林匹克运动会的方式,正在首都雅典举办泛希腊运动会。而早在小皮艾尔出生前的1859年,希腊就举办了一届泛希腊运动会,对古代奥运会精神的复兴进行尝试。

读完这个消息后,小皮艾尔兴奋不已,他叫着嚷着要父母下次一定带他去希腊看运动会。这时正好是学校放春假期间,所以小皮艾尔在家的每天下午,都要跑到城堡外面迎接巴黎来的公共邮政马车,因为马车会从巴黎带来父亲订阅的报纸。拿到报纸后,小皮艾尔总是会抑扬顿挫地给大家读报:

> 希腊绅士扎帕斯捐赠的大笔遗产兴建的雅典体育场热闹非凡,炎炎烈日也无法逼退万分热情的雅典市民。当奥托国王和王室成员的马车在宫廷卫队的护卫下开进体育场时,观众发出海潮般的欢呼和致敬声浪……当参加奥林匹克比赛的健儿们鱼贯入场时,激动的观众再次掀起雷鸣般的欢呼声……

报上时常有普鲁士加强军备,意欲进攻法国的报道和分析。法国和德国都想称霸欧洲,眼下正围绕西班牙王位继承人闹得不可开交:普鲁士企图借普、西王室联姻控制西班牙,法国担心普鲁士在南欧势力大增而坚决反对。看到这里,小皮艾尔心中非常担心,但是当他询问身边人的看法时,人们却都不相信战争会爆发。

1870年夏天,普鲁士和法国果然开战了。这是一场两国政府和军方都想打的战争。普鲁士首相俾斯麦恶意篡改了国王回复法国皇帝的电报,使电报明显含有对法国的侮辱之意;他还故意在报上公布,诱使外强中干的法国皇帝路易·波拿巴向普鲁士宣战。

8月初至中旬,普军势如破竹,连败法军。8月底,法军两大主力部队被普军围困。9月2日,路易·波拿巴皇帝亲率8万多法军将士向普军投降。

法国的投降导致巴黎爆发了群众起义,他们推翻了波拿巴的第二帝国。后来,起义群众和新成立的国防政府愿意和普鲁士停战谈判,但是却被一路凯歌的普鲁士政府拒绝了,因此普军迅速完成了对巴黎的合围。

1871年1月1日,是小皮艾尔的8岁生日。这时顾拜旦一家已经从摩威尔庄园回到了巴黎。父母尽量保持家里生活的常态,他们让家里的女仆莫德每天都照常准备晚餐。父亲把家里的仆人都留用了,他甚至把车夫恩里也留下了,虽然他们一家这个时候不能坐马车或骑马去城里。

小皮艾尔生日那天晚上,家里照常热热闹闹地给他庆生,大家还送给他一个新马鞍、一双新马靴。尽管小皮艾尔脸上洋溢着灿烂的笑容,但是他心里知道,在很长一段时间里自己都不可能再骑马出去玩了。

1871年2月下旬,法国国防政府首脑梯也尔在被胁迫之下和俾斯麦签署了丧权辱国的停战和约:法国向普鲁士割让阿尔萨斯省和洛林省大部分的领土,还要赔偿普鲁士50亿法郎。

3月18日，不甘奴役的法国人民被迫武装自卫，以巴黎公社起义的方式奋起反抗，与投降卖国的国防政府形成了对峙，于是，法兰西内战爆发了。5月下旬，巴黎公社遭到了梯也尔政府的血腥镇压，因此白色恐怖笼罩了全国。

就这样，巴黎公社的暴乱，街头的路障战垒，国人无缘无故地互相残杀，市民被莫须有地扣上罪名……一切都是那么疯狂。这段时期的耳闻目睹，以及家人惶恐不安的神情，都深深地烙在了小皮艾尔的心中。

由于小皮艾尔当时只有八九岁，父母和老师很怕他会受到战乱的影响，所以不让他多读报纸。后来，全家又回到了诺曼底的摩威尔庄园生活。在风景优美、气氛宁静的城堡里，顾拜旦一家并没有受到战乱的影响。

小皮艾尔的生活就这样被人为地净化了，他又回到了过去那种天真、纯洁的状态，每天除了学习就是玩耍，过得非常快乐。比过去更开心的是，随着年岁的增长，他可以玩大孩子的许多游戏和运动了。

小皮艾尔具有出色的运动天赋和纯粹的体育兴趣。他头脑灵活、身手敏捷，能够很快掌握各种游戏的玩法。他能从运动中获得极大的满足和喜悦。

很小的时候，皮艾尔就喜欢在家人的看护下在河里划船。开始大家都嫌他太小不让他划，只有等别人划累了才让他划几下木桨。现在的小皮艾尔已经8岁了，他非常珍惜每一次划桨的机会，他还在父亲的指导下练习举沙袋以增强胳膊的力气。

没过多久，小皮艾尔已经比别人划得都好了，他划船又快又稳，转弯掉头也都迅速有力。母亲还曾经开玩笑说，小皮艾尔虽然满脸稚气，神态举止却好像在海上闯荡过几十年的老水手。就这样，小皮艾尔很快就可以独自驾着小船在环绕古堡的小河里摇荡，他甚至还可以在离岸不远的浅海里划船。

小皮艾尔后来又迷上了骑自行车。那时的自行车还没有定型，没有链条，前轮小后轮大，轮圈是包着铁皮的木头。自行车的价格很贵，只有富裕人家才买得起。查尔兹见孩子们都对自行车很感兴趣，便特意从巴黎买来这种时髦的运动器械。

8岁的小皮艾尔个子仍然不高，骑车还有些够不着，于是他就让父亲或哥哥把他抱上座垫。坐上自行车的小皮艾尔一点儿也不害怕，他蹬着车飞快地上坡、下坡、转弯，头发和衣服被风吹拂得飞扬起来，欢笑声四处飘荡。

小皮艾尔骑车的花样要比别人多得多。他学会了骑行中张开双臂仍能保持平衡，学会了倒着骑车，甚至还学会从一辆飞驰的自行车上腾空跃起又稳稳落下。小皮艾尔成了摩威尔庄园一带所有大人和小孩中唯一能够掌握这种高难度车技的人。

小皮艾尔常常和哥哥们以及别的孩子或大人比赛车技，有标准场地赛，有越野障碍赛，有计时赛，有接力赛。除了比赛谁骑得快，他们还试谁能骑得更慢，甚至原地不倒……就这样，年纪最小的小皮艾尔经常凭着各种绝技荣升为"大哥"。

内战的硝烟散去后，小皮艾尔和哥哥姐姐又回到了巴黎上学。这时父亲与老朋友诺丹交往甚密。诺丹是阿尔萨斯人，是

一位历史学家和收藏家,他还曾经出任法国驻普鲁士的外交官。后来,普法战争爆发后,他的家乡阿尔萨斯被割让给了普鲁士,于是,他们一家人便移居巴黎。由于来往方便、意气相投,因此两个家庭交往非常频繁。

诺丹的女儿玛丽·诺丹在父亲担任外交官时,出生在普鲁士的法兰克福。她比小皮艾尔大2岁,因此她和小皮艾尔的姐姐玛莉娅很快就成了要好的朋友。

玛丽·诺丹与小皮艾尔的关系也不错。他们常常听到双方的父母在客厅或花园里谈论左拉的小说、瓦格纳的钢琴曲和马奈的绘画,因此他们在不知不觉中也接受了文学艺术的许多熏陶。

小皮艾尔对文学作品的领悟力很强,玛丽·诺丹的艺术感受也非常敏锐和细腻。而在体育方面,小皮艾尔自然而然地就充当起了玛丽的老师。谁也没有想到,这两个天真纯洁的孩子在多年后会结为相亲相爱的夫妻。

受到母亲的感染

普法战争期间,小皮艾尔一家并没有受到太大的影响。于是,小皮艾尔的母亲感觉有责任去帮助那些在战争中遇到困难的人们。由于小皮艾尔是家里最小的孩子,所以父母对他呵护备至,但是尽管如此,母亲到市里去救助伤病员时,还是会把小皮艾尔带在自己身边。

每次出门前,母亲会为自己,也为小皮艾尔在胳膊上缠上红十字袖标。她一再嘱咐小皮艾尔,一定要时刻戴着袖标,千万不要走丢了。母亲称小皮艾尔是她的"勤务兵",因为她在诊所忙碌时,总是指挥着儿子给自己打下手,让他拿这拿那。

在街上穿行时,母亲和小皮艾尔总是走得很快,因为街上运送伤员的队伍和马车络绎不绝,他们非常害怕自己阻碍了伤员的治疗。当时在巴黎城内的大街小巷,到处都是红十字旗帜,有的是挂在阳台上,有的是挂在简易的旗杆上,从四面八方指向大街。

巴黎城外的战事正激烈,而城里的每一栋开放式建筑似乎都变成了流动医院,只要是稍有点医疗设备,就变成了一个小医院。奥德昂酒店、法兰西喜剧院、荣军院都挂上了红十字旗,还有学校、面包店、餐馆等,到处都是。

母亲曾经带小皮艾尔去过一个位于圣日耳曼区龙街的一个小药房,那里有一位名叫安拓万的医生跟几个护士在工作,他们主要是救治那些伤病人员,为他们清洗爆炸伤口,还医治因各种疾病而发烧的孩子。

药房里的医疗用品非常齐全,小皮艾尔的母亲也曾经受过一些医疗方面的培训,所以她知道很多药品的使用方法。她擅长安抚伤病号,还能熟练使用针剂、药膏和药液,她甚至还能为伤员缝合伤口。这时候,小皮艾尔就会非常勤快地为母亲提供干净的热水,还帮她从架子上拿绷带、纱布以及药品。

其实,小皮艾尔的父亲一直都很反对妻子的工作,他们为此常常争吵不休。而每当这个时候,小皮艾尔的母亲往往就会拿上帝当挡箭牌,她总说,帮助他人是她的宗教义务,只有这样上帝才会赐予他们一家福气,父亲常常无言以对。

有一天下午,在药房里,两个人用担架抬着一位军官进来。军官的老母亲在一边哭泣,再三恳求安拓万医生一定要救活她的儿子。伤者身上红蓝色的军装已经被血浸透了。

药房前厅的中间有个桌子,医生就是在这个桌子上救治伤员的,而在桌子旁边的窗外,总是会聚集很多好奇的民众看着医生医治伤员。大家很快就把这位军官抬到桌子上,安拓万医生一边安慰着那位老母亲,一边将她带出门去。

小皮艾尔的母亲立刻为伤员脱去上衣,发现他胸前的口袋里露出一角纸片。接着她把军官的上衣脱下,开始为他清洗肩部伤口。安拓万医生则寻找伤口里面的子弹。不料,那人痛苦地醒了过来,他面带恐惧,嘴里还喃喃地说着什么。于是,安拓万轻声跟他说了几句话,然后让他嗅了嗅沾有乙醚的布条,使他昏睡了过去。

伤口处理完毕后,小皮艾尔的母亲从那个人的上衣口袋里抽出纸条,将其拿给安拓万医生看。上写"要是我受伤了,请把我送到美国流动医院去"。

"美国人的流动医院在哪里?"母亲问道。

"就在帝国大道上,是个很棒的医院。将士们都愿到那里治疗,因为美国人在内战期间学会了如何高效救治伤病员。"安拓万医生回答。

"他们有哪些救治知识是我们不会的？"母亲再次问道。

"我不知道，"安拓万医生答道，"要是你想去那里工作，我可以安排一下。"

安拓万医生一直都非常敬佩小皮艾尔母亲的医护技巧，也很感激她为自己的诊所所做的一切贡献，但是他知道她想帮助更多的人，所以就将她推荐给了他的朋友托马斯·埃文斯医生，也就是美国流动医院的创办人。

跟随母亲在美国的流动医院，仅仅一天的时间里，小皮艾尔就见识到了母亲身上那种无私奉献的勇气，他从来不知道一个女人竟然能那么勇敢。于是，从那天起，母亲的形象就深深地印在了小皮艾尔的心中，她满身是血地救治伤者的身影，在小皮艾尔的心中再也挥之不去，更给他的心灵灌溉了无限的精神养分。

尽管这一期间巴黎被围，但是小皮艾尔的父亲还是会想办法出城去，因为他要与儿子们一起去谢芙勒兹看望自己垂危的父亲。那是一个上午，小皮艾尔正在客厅里玩，母亲叫他和姐姐到走廊里去。母亲当时头戴护士帽，胳膊上戴着红十字袖标，身边站着家里的车夫恩里。

"今天我要到美国流动医院去工作，我不想把你们俩留在家里。穿上外套，戴上这个。"说着，她递给他们两个红十字袖标。

"妈妈，我们要去哪儿？咱们要坐马车吗？"小皮艾尔的姐姐问道。

"穿过塞纳河，到帝国大道去。不，咱们不坐车。"

"太远了。"姐姐说道。

"玛莉娅,"母亲说道,她轻抚着女儿的脸颊,"不算太远,不过咱们不能坐车。那样马会有危险。外面有很多饿肚子的人,咱们不是听过那些传闻吗?"

原来,在整整4个月的围城期间,巴黎市内食物供给日渐拮据,20万市民的生活越来越困顿。因此,首先被抓进炉灶供人们食用的,就是家里的宠物和街上的动物。

随后,一些饥饿而贪婪的暴民就开始从骑马人那里抢夺马匹,甚至马车也未能幸免,马被拉走屠宰,马车则被他们掀翻扔在大街上。就连酒店和会馆里的马厩也全都被抢,甚至连动物园里的所有动物最后也全都被吃掉了。

于是,母亲和孩子以及车夫恩里一行4人步行了2英里前往美国流动医院。小皮艾尔的母亲走在前面,她昂首挺胸,神态庄重威严。恩里带着玛莉娅和小皮艾尔紧随其后。他们从耶拿桥上越过塞纳河。母亲一边在前面带路,一边阻挡着街上的商贩和乞丐靠近自己的孩子。

经过夏乐宫,走到马拉科夫大道,接着转到帝国大道上。这条大道位于凯旋门和布罗涅森林公园之间,是巴黎最宽敞的马路之一,其两侧矗立着诸多私人官邸、外国使馆。

小皮艾尔看到,大道南面美国公馆那宽阔的草坪上有许多帐篷,那就是美国的流动医院了。一个个灰色或褐色的帆布大帐篷,都浸过油用来防雨。它们一个个首尾相接,呈矩形排列,就像展览会的一个个大厅似的。

　　林荫大道上，一队队的马车在士兵护卫下来回奔波，最后都挤进营地前面拥堵的通道里。小皮艾尔注意到有些炉子上连着管子，通到帐篷里去用以供暖，可他并不觉得天气有多冷。

　　母亲带着他们穿过乱糟糟的马车、手推车和开水沸腾的露天炉灶，往最大的那个帐篷走去。地上车辙印纵横，车轮碾轧得地上泥泞不堪。护士和其他工作人员也都急匆匆地来回忙碌着。

　　走近一些之后，小皮艾尔看到很多伤兵躺在地上，有些安静却心神恍惚，有些因伤痛而呻吟或叫喊。小皮艾尔一行来到大帐篷门前。母亲示意他们在这儿等着。

　　"孩子们，我去找埃文斯医生，"母亲轻声地说道，"他要教我怎么鉴别分类伤病员。"

　　这时候，小皮艾尔紧紧地抓着姐姐的手，拉着她跟在母亲后面也走进了帐篷。母亲并未阻止他们，恩里随后也跟了过来。帐篷里有管子与炉子相连，里面很温暖，通风也很好。

　　小皮艾尔看到面前是一条长而直的木板通道，通道左边是补给站，右边是工作台。一个个工作台前，一组组身穿白大褂的医生、护士正在医治伤者，其他伤员则在一旁等着，渴望早点能够得到医生的救治。

　　母亲环视四周后，正要走上前去询问埃文斯医生的下落，突然，帐篷远端的门帘被一下子掀开了。随着一阵大喊，护士长冲了进来，身后跟着一些男人，他们抬着几个担架，最后面跟着一个医生。他们走到小皮艾尔等人的面前后，护士长停了下来，指挥着把担架排成一列，接着转过身来，一脸严峻地看着母亲。

"我是贝蒂·珍·拉塞尔,这是我的医院。我知道你是来帮忙的,可你们站在这里,对我们一点用都没有。还有,你不能把孩子带来。"

听了护士长的话后,姐姐玛莉娅吓哭了。母亲答道:"我是玛丽·马赛尔·顾拜旦,"接着,她转身对恩里说:"恩里,把他们带回家,一定要好好看护他们。"

"坎伯尔医生,"拉塞尔护士长大喊道,"这个是你的新助手,玛丽。"说着,她朝医生们的工作台那边推了母亲一把。

接着,护士长又转过身来,在姐姐玛莉娅跟前弯下腰,轻轻擦去她脸上的泪水,然后微笑着对小皮艾尔和姐姐说:"你们的母亲是在为上帝工作啊!"

护士长的法语磕磕绊绊,还稍微带着美语口音,她的脸上有个很大的红色胎记,白色的护士帽下是一头蓬发,但是,她的声音很温柔。

于是,恩里将两个孩子带出了帐篷。小皮艾尔一边走,还一边不时地回头看。他看见母亲站在工作台前,一手抬着伤号的胳膊,另一只手拿着白布,擦去胳膊上的血。

已经到了第二天上午,小皮艾尔的母亲才疲惫地回到家中。她的衣服上到处都是血迹,这把小皮艾尔和玛莉娅吓了一跳。但是,母亲已经顾不得安抚孩子们了,她摘下帽子,随手扔在走廊上,然后直接走到楼上的卧室里,一头扎到了床上,昏睡了过去。

第二章

求学生涯

深受父亲的影响

小皮艾尔家的院子和门外大街之间是个拱形走廊。这天，查尔兹带着小皮艾尔走出家门。他们沿着鹅卵石路走到旧街区。路的左边，是时髦的宅邸，右边是圣玛丽诊所。他们又穿过巴比伦街，沿着瓦鲁街走了一个街区的距离，来到了梵伦娜路上。

这里的一切还是老样子，紧凑的旧住宅区里，没有巴黎公社革命和暴力冲突的痕迹。在街角处，查尔兹停下来低头对小皮艾尔说："塞纳河边是 1848 年巴黎战争最激烈的地方，在去那儿之前，我想先带你去阿娜蒙公馆，让你看看法国曾经的辉煌。"

说完，查尔兹领着小皮艾尔沿人行道拐进了一个壮丽的大门。门里是一个很大的拱形入口，两侧是凹进去的墙壁，墙壁由粗糙的花岗岩砌成，两边各有一个壁龛，壁龛里各有一个神话人物，一个握剑，另一个拿着竖琴。

查尔兹向门口的卫兵出示了一张卡片，然后他们就被放行了。走进大门，查尔兹让小皮艾尔看门上的山形墙饰。那是一个肌肉发达的英雄人物，刚从战斗中解救了一位女士。他一只胳膊高高举起，以展示自己的胜利，他高尚的美德永远地镶嵌在了大理石里。蓝天下，一面法国国旗，还有一面盾形纹章的旗帜在风中飘扬。

接着，他们走进了宽阔的庭院中。与他们家简朴的公馆相

比,这里可谓宏伟壮丽。院中的鹅卵石路导向一个宽大的环形楼梯,底座四周各有一个咆哮的猛狮雕塑。公馆的大门正面由白色大理石砌成,共有两层,楼顶镶有栏杆,乍一看像个王冠。

房子两端隐隐露出拱顶。一楼是一排柱廊,对整幢房子起到画龙点睛的作用。二楼探出一个阳台,铁艺镶金,后面是拱形玻璃门。其设计线条优美,布局和谐,匠心独运,只有阳台下雕刻的3只凶恶的滴水嘴兽稍显突兀,它们俯视下方,面目狰狞,似乎是要吓跑所有的不速之客。

进入室内,建筑之美不可胜收。沟纹石柱环抱之中,内部呈六角形布局,大理石地面上铺着黑白相间的瓷砖,犹如华美的舞台。大理石台阶上,是黑金相间的楼梯扶手,扶栏的底座是交替的金属盾牌和水壶样式。仅是台阶,就能让人联想起这里以往的贵族生活。

台阶上面的一整面墙上是一幅壁画,画的是皇室宴会的情景,画中男男女女衣着华丽,饮酒欢笑。他们穿过一个华丽的嵌板门道,走过一间镶有镜子的前厅,走进一间珠光宝气、金灿灿的房间。

这时,查尔兹对小皮艾尔讲起了往事:

在本世纪初,拿破仑还没有兵败滑铁卢之前,塔列朗和阿娜蒙两个大家族在圣日耳曼郊区争豪斗富。梵伦娜这条街,就代表了巴黎时尚的巅峰。这个房间名叫"黄金客厅",就在这里,在阿娜蒙举行的宴会上,你的祖父常常演奏小提琴以娱宾客。

接着，他们又穿过一扇双开门，走到圆形大厅下面一个遍是黄金镶嵌的房间里。宽敞的房间里，墙上共有8个凹进去的壁龛，每两个壁龛之间，交替分布着金丝银线装饰的镜子或窗户。

查尔兹将小皮艾尔叫到身边，指着壁龛上方给他看。金色的壁柱以精美的葡萄藤和雕刻的月桂为饰，其上方是一排卵形拱顶；每两个拱顶占据了1/4的屋顶，每隔一个拱顶，其椭圆框架内都有一个雕塑。

查尔兹耐心而细致地为小皮艾尔讲解了这些装饰的象征意义：其精美的叶形花纹随处可见，金银花、玫瑰结与木质边框上的金色珍珠回旋缠绕，形成一个个象征富饶、繁衍的螺旋状条纹，每尺每寸都赏心悦目，每分每毫都彰显着那个曾经奢华无比的世界。

查尔兹为眼前的艺术殿堂赞叹不已，他觉得自己正身处在一个濒临消失的世界，因此他想让儿子记住眼前的一切。于是，他对小皮艾尔如此说道："好好看看这些，孩子。"

离开了冷清的阿娜蒙公馆后，父子俩又分别来到曾经历巴黎公社的洗劫和焚烧的波马鲁公馆、杜伊勒里宫以及圣玛丽－玛德琳教堂。一路走来，小皮艾尔在父亲的带领下，目睹了曾经如此辉煌的巴黎是如何在战争的摧残下变成了满目疮痍的废墟，为此他的心里久久不能平静。

最后，查尔兹对小皮艾尔说："今天我们见到了巴黎的两面。一面是辉煌，一面是废墟。孩子，我想让你知道的是，艺术能唤醒人身上高尚的志向；暴力则使其堕入邪恶的深渊。前一种本能

会改良社会,后一种则是带来毁灭。"

父亲又说道:"孩子,我无法想象法国未来的境况,也不知道你的将来会是怎样。但是,这个国家需要政治稳定,国人自相残杀的疯狂不可继续。也许你们这一代人能找到出路,使法国重现昨日的辉煌。"

听着父亲的无限感慨与谆谆教诲,小皮艾尔幼小的心灵受到了强烈的震撼,他的心里就像被种下了一颗种子。因此,他觉得自己现在应该做的就是汲取一切有益的养分,等待心中的种子发芽、开花。

有一天早上,吃过早饭,小皮艾尔和父亲打算去拉丁区看罗马废墟。出发前,父亲取出一张巴黎的旧地图,小心翼翼地将地图铺在桌布上。那张地图是画在羊皮纸上的,折痕和边缘处已经磨损得发黄了,因为它是顾拜旦家族传承下来的收藏品。

"这是几年前你祖父给我的。"父亲说道。

"他也带着你去散步,像我们这样?"小皮艾尔问道。

"对。他还给我讲了巴黎是怎么发展建设起来的。他可能也是从他父亲那里听来的,我记不清了。这幅地图画于18世纪中期,也许是在1750年,那时我的祖父还没出生呢。"父亲回答说。

矮小的小皮艾尔站在椅子上,以地图作者的高度俯视其全貌。

"你看到什么了?"父亲问。

这是查尔兹最喜欢问小皮艾尔的问题,他想引导儿子看得再仔细一点。他这是在教小皮艾尔深入观察,不只看到眼前的景象,要学会看到表面以下的东西,还要看到景象背后的意义。

小皮艾尔不敢贸然回答父亲这个问题,因此他仍然仔细地观察着地图。地图上的塞纳河尤为醒目,它穿城而过,两岸尽是教堂、小房子和狭窄的街道。小皮艾尔的目光并未停留在塞纳河里的沙洲、巴黎圣母院、杜伊勒里宫以及自己家旁边的荣军院,而是注意到了一个由密集街道交织而成的大网。

"我看见了一个大迷宫。"小皮艾尔在观察一番后对父亲说道。

"很好,孩子。巴黎曾经确实是个迷宫。自中世纪开始,杂乱无序的胡同和小巷逐渐蔓延成了一个巨大的迷宫。这里面空气不畅,光线不足,人们就像被囚禁在监狱里一样。"

父亲接着说:"我小的时候,你祖父带我看到的巴黎就是这副样子。可是,身为军人,他教给我的并不是为市民把城市建设得更好,而是要打通城市的街巷,以便军队进入,剿灭革命分子。因为那些革命分子四处设置街垒,弄得市区里大街小巷都寸步难行。"

父亲又问道:"你还看到什么了?"

小皮艾尔开口说道:"我还看见很多圆圈,但是这些圆圈并不是很圆,它们就像大圈套小圈一样。"

"很对!"父亲听了皮艾尔的回答后,激动地说,"那就是巴黎的7堵墙。这些墙展现的,就是巴黎从罗马帝国时期不断扩展的过程。从这些墙上,你就能看出巴黎是怎么变化的!"

当天上午,父亲和小皮艾尔去了拉丁区,他们逛了罗马浴池的废墟。父亲还给小皮艾尔讲解了为什么罗马人要在位于巴黎市中心的塞纳河的西提岛上定居。因为从军事上来说,塞纳河是个天然屏障。父亲还使小皮艾尔对巴黎的最初规模有了直观的了解。

圣密谢尔大道原先是卡多·马克西姆斯大街的一部分。不到一个街区之外,在穷人圣朱利安教堂的后院里,墙边有一块巨大的暗黑色长方形石块,长约9英尺,宽约5英尺,大概1英尺厚。

这块石板的表面有一些磨痕,那是战车车轮留下的痕迹。父亲告诉小皮艾尔,这块石板是罗马大路的石板,但是它只有路宽的一半,因此罗马人建路时,得用两块石板的宽度,以便两辆战车能够在上面并行,或一辆战车可以在上面掉头。而这块石板,是迄今为止巴黎仅存的一块石板了。

听到这里,小皮艾尔的心里有些失落,他感到很遗憾没有机会领略一下过往的世界。而且现在的世界,类似的重要历史遗物每天都在消失。于是,小皮艾尔向父亲表达了自己的担忧。父亲安慰道:"孩子,不要难过,因为历史上的每一天,都永远蕴含着无数我们无法得知的秘密。"

后来,父亲又带着小皮艾尔去了圣日耳曼区的圣安德雷商廊。那里有一堵13世纪菲利浦·奥古斯都修建的城墙,是巴黎最古老的城墙之一。父亲让小皮艾尔仔细观看墙上一个塔楼的基座。

吃午饭时,父亲对小皮艾尔说:"孩子,巴黎这个城市,是由千百年来数道城墙围成的圆。在历史和英雄命运的推动下，一代代人不断在上面增砖添瓦，才使这个同心圆不断扩大。我们与这些人的记忆和魂灵并存，他们的故事诞生于此，生死难离。巴黎是个大都市，是灵感之源。这里有一种特质，能开阔人的眼界，振奋人的灵魂，用艺术的渴望促生新的事物。"

父亲接着说："城市的繁荣、社会的昌盛、世界的日新月异，这些景象在历史中周而复始。古代的雅典和罗马、文艺复兴时期的佛罗伦萨、启蒙运动时期的巴黎，都是如此。我有种感觉，这里会再现盛世美景，一个新纪元、新天地、新思潮就在眼前。"

小皮艾尔将父亲的话永远铭记于心，那些话在他的脑海中似乎变成了一个个真理。直到许多年后，皮艾尔无论怎样反复思考，依然认为那是历史的核心道理。

政治观念初步形成

每个星期天的上午，顾拜旦一家都要一起步行去圣弗朗西斯泽维尔教堂。这是个历史悠久的耶稣会教堂，其拱门的山形墙两侧各有一个钟塔。教堂正面是3扇木质大门，下面是宽阔的花岗岩台阶，门上镶有黑铁，刻着花结和天主教符号。

小皮艾尔的母亲让家人每周都去圣弗朗西斯泽维尔教堂做礼拜，以表现家人对天主教的虔诚。小皮艾尔和那些受过耶稣会教育的孩子都知道，圣弗朗西斯是1534年圣依纳爵·罗耀

拉创立耶稣会时的 6 位伙伴之一，他们以贫穷为愿，对教皇绝对服从。

很小的时候，小皮艾尔就能背诵罗耀拉所写的《与教会同思索的规则》中的句子。但是，年纪尚幼、机智聪慧的他却并不像父母期望的那样对耶稣会的教条笃信不疑。

这一时期，小皮艾尔的两个哥哥已经进入了军界，因此父母希望小皮艾尔也能找到一份好的工作。可是，小皮艾尔有着聪慧的头脑和无尽的好奇心，他的想法却与父母的愿望大相径庭。

在名作《传教士的离开》中，查尔兹曾将小皮艾尔以及小皮艾尔的姐姐画入了作品中，因此教会里的人都知道，这是父亲对小皮艾尔的期望。然而，小皮艾尔知道父亲是了解他的，因为即便是在画中，父亲也将他画成了头部面向画外，一副心不在焉的样子。

1872 年初秋，普法战争已结束一年了，巴黎也从普鲁士入侵、巴黎公社革命中渐渐恢复了安宁，开始展开重新建设。

1874 年元旦，小皮艾尔已经满 11 岁了，父母为他举办了热闹的生日聚会。由于小皮艾尔在圣诞节前获准可以指定自己想要的生日礼物。所以，他向父亲要了一辆崭新的自行车，向大哥要了一本儒勒·凡尔纳最新的科幻小说，还向二哥要了一个新足球。姐姐、舅舅和姨妈等人也送给了小皮艾尔小狗和新衣服等礼物。

得知家中的常客、青年作家都德叔叔不久前出版了引起轰动的短篇小说集《星期一的故事》后，小皮艾尔指定要叔叔赠送新作。于是,生日那天,都德叔叔把签了名的《星期一的故事》郑重地送给小皮艾尔。

收到众多礼物的小皮艾尔别提多高兴了。可是不久后,哥哥姐姐们便发现弟弟不见了。于是,所有仆人和家人都开始到处寻找小皮艾尔。就在大家快要绝望时,一阵断断续续的抽泣声传来,人们从一棵灌木丛掩映的榛树下发现了小皮艾尔。只见他泪流满面地坐在树下,膝上摊着小说集《星期一的故事》。原来,他被小说中人物的命运和感情深深地打动了。

普法战争刺激了都德的创作灵感,《星期一的故事》以那场战争为背景,作家那忧伤的情思和细腻的笔触让所有的读者都深受感染。那几天,小皮艾尔连酷爱的运动都不玩了,成天就知道捧着都德叔叔的新书,沉浸在难以抑制的悲伤中。

小说集中的《阿尔萨斯! 阿尔萨斯! 》其实是一篇回忆性的游记。作家在战后对被普鲁士侵占的那片土地依然牵肠挂肚,因此他凭对那片土地的记忆写出了这篇作品。

《阿尔萨斯! 阿尔萨斯! 》中细致地介绍了阿尔萨斯这个优美的地方。那里不仅交通发达,而且景色如画。在茂密的森林、青翠的草原以及蜿蜒的河流间,生活着质朴、乐观而坚强的人民。书中的一切都让小皮艾尔陷入遐想,仿佛他也曾在那儿生活了许多年一样。

当年,流亡巴黎的诺丹一家闯入小皮艾尔的生活时,他们尽量避免谈论家乡的遭遇,再加上玛丽·诺丹在阿尔萨斯生活的时间很有限,因此她对阿尔萨斯并没有什么深刻的印象,所以,

小皮艾尔不太能体会到他们内心深处的痛苦。直到读了都德的作品后,皮艾尔才真正感受到了切肤之痛。

最令小皮艾尔感到震撼的,就是小说集里的《最后一课》。读完这个作品后,小皮艾尔内心受到了强烈的冲击。被割让国土的人民在异国统治下所承受的精神痛苦,他们渴望重返祖国怀抱的热烈情感,都让小皮艾尔感同身受,以至于他一时沉浸在悲痛之中久久无法自拔。

1874年,小皮艾尔小学毕业后,就来到了巴黎马德里大街的圣依格娜兹中学就读。这是一所由天主教教会创办的学校。中学时期,小皮艾尔的学业非常优秀。一开始,老师都以为小皮艾尔只有自己所教这一门课程学得最好,没想到期末考试公布优秀学生的名单时,他们才发现小皮艾尔并无偏科,他是每一门课程都出类拔萃的尖子生。

小皮艾尔其余各方面也很突出,他是全校学生的楷模,年年都能获得校方设立的优秀学生的奖学金。但是,家境富裕的他一点也不需要奖学金,因此,他不是把钱用来帮助有困难的同学,就是为班级购买体育用品。

在音乐方面,小皮艾尔也很投入地学习钢琴、小提琴、小号等器乐,他特别喜欢莫扎特和舒伯特的抒情乐曲。由于他有一副音域宽广、音色明亮的男中音的嗓子,所以演唱各类歌曲都很适宜。他常常在音乐课上做新学曲目的试唱、示范,还为别的同学伴奏。他也是学生合唱团的领唱,常在校内外演出,因此很受大家欢迎。

在美术方面,小皮艾尔潜心体会不同时代、国度和不同风格流派的画家笔触背后的东西,试图把握住他们各自的灵魂和艺术天性。他非常同情天才的荷兰画家伦勃朗的不幸遭遇,更钦佩达·芬奇的多才多艺。

小皮艾尔一定不是那种为了博取高分以及周围人的赞赏才努力的人,他对知识的追求源自内心的渴望,更源自他对大千世界强烈的好奇心和不知疲倦的探索精神。

小皮艾尔就是想掌握人类世代创造积累的文化与自然知识,想了解养育人类的地球上千姿百态的生命奇观,还有那仰头可见的云彩和星空以及宇宙深处的无穷奥妙。于是,好学、深思成了小皮艾尔显著的特征,而他这一特征的显著表现就是不停地在课堂上提问。

在伦理课上,小皮艾尔会问老师:"众所周知,'人人生而平等'。可实际上,穷人和富翁、贵族和平民,一辈子都不可能平等,只有死后的他们才能得到平等。所以,我们是否应该将那句名言改成'人人死而平等'呢?"

在自然课上,小皮艾尔会问:"既然动物不可能理解《圣经》,《圣经》又怎么会涵盖动物们的世界,管理动物们的生活呢?人类是否真的知道动物们需要什么、喜欢和厌恶什么呢?"

在地理课上,小皮艾尔会问:"如果说我们在那些遥远的法国殖民地拥有国家利益,那些殖民地是否也可以在法国本土有它们的利益,而不仅仅是接受宗主国的教化,按法国总督的指示办事呢?"

圣依格娜兹中学的体育活动时间很少,因此学生们的生活很单调,校规有时甚至会苛刻得不近人情。因此,对于一直崇尚自由生活、主张学生自我管理的小皮艾尔来说这里简直就是人间地狱。

于是,小皮艾尔向校长当面提出,增加学生体育活动的时间和种类,但是校长却以"思想和学问的进步才是最重要的"理由拒绝了;课余时间,小皮艾尔想外出写生,可是校规却不允许;他爱唱的歌,却被学校认为有伤教化;他爱读的课外书籍,被认为是异端邪说。

小皮艾尔虽然服从了这些不合理的校规,但是他却从来没有真正信服过。他经常对朋友说:"我们的学校简直就是一座罪犯教化所,这里对学生的种种监视和限制既可笑又愚蠢!"

当教育部的督学先生来学校视察时,小皮艾尔明知是视察别的科目,却代表同学们向他反映了体育活动不够的苦恼和不满,还请求督学先生向部长转告。但是,督学先生只是漫不经心地搪塞了一番,便没有了下文。

可是,小皮艾尔仍不甘心,他又多次写信给教育部,还给部长本人写过信,希望他发布指示,改善中小学生的体育活动条件。但是,除了有一次他收到"你校属于天主教学校,学生活动安排教育部不便也无权过问"的回复后,其他的信件都石沉大海了。

经过长时间新观念的洗礼,小皮艾尔那追求自由进步、拥护共和政治的观念,与保守恋旧的家族在思想上产生了很大分歧。

15岁那年的暑假里，一个对普法战争前的法兰西帝国念念不忘的长辈来到摩威尔庄园做客，那个长辈滔滔不绝地评论了当时的国家形势，还把当前的社会进步贬得一文不值。

尽管小皮艾尔非常不认同他的观点，但是碍于礼节，再加上自己又是晚辈，因此他并没有反驳那个长辈的观点。不料，那个长辈又大放厥词，说："在目前的共和国政体下，一切神圣的秩序都被破坏和颠倒了，我们不再为自己是法国人而感到骄傲了。"

那个长辈本以为自己的观点会得到小皮艾尔的赞同和欣赏，没想到，小皮艾尔气得脸色煞白，猛然扭过头就走了出去。就这样，小皮艾尔一整天都板着脸，没有和那个长辈再说一句话。

痴迷于古奥运文化

随着年龄的不断增长，皮艾尔对运动的兴趣越来越广泛。这时的他开始对一切对抗性强的激烈运动感兴趣，他还想长大了当曲棍球或者足球运动员。不久后，球类玩腻了，他又爱上了拳击运动，他还常常跑到巴黎的一所军校去学习拳击。

皮艾尔的二哥喜欢击剑运动。于是，在哥哥的影响下，他也喜欢上了击剑。就这样，除了和哥哥一起练习外，他在暑假中还专门请了一位击剑教练到摩威尔庄园教他击剑。

就这样，击剑很快就成了皮艾尔最喜欢的运动项目。他有时还会心血来潮，骑在马背上击剑。要知道，在马上击剑虽然非常刺

激,但是难度却极大,而且还非常危险,简直和战场上骑兵的厮杀没什么两样。因此,皮艾尔很难找到胆大的对手与自己一较高下。

虽然皮艾尔的身体并不强壮,个子也不高,但是他身体的灵敏性、柔韧性以及协调能力却是所有人中最出色的。大量的户外活动和高强度的体育训练,不仅增强了他的体能,更促进了他的智力发展。他如果不是喜欢体育运动,很有可能会变成一个瘦弱、忧郁的病童。

然而,许多和皮艾尔一样大的同龄人对体育运动却并不喜爱,他们常常对皮艾尔投来异样的目光,因此,皮艾尔的不少运动项目只能和两个哥哥对练。有时候,他想要踢足球都得跑到很远的地方才能凑齐两支球队。一开始,皮艾尔以为只有摩威尔庄园和巴黎的年轻人不爱运动,后来他才知道,全国各地的人差不多都这样。

卡龙神父是圣依格娜兹中学的一位修辞学老师,他知识渊博,为人正直,因此深受学生们的爱戴。后来,在卡龙老师的引导下,皮艾尔渐渐对历史产生了浓厚的兴趣。他从学习修辞的角度,开始阅读古希腊、古罗马时代著名演说家的传世文章。后来,随着阅读面的慢慢扩大,他对古希腊的文学、艺术、哲学、政治、自然科学也都产生了浓厚的兴趣。

有一次,皮艾尔无意中接触到了古代希腊人长期连续举办奥林匹克运动会的传奇历史。小时候,在罗马第一次看见《掷铁饼者》时,他曾听父亲提到过古希腊人的奥运会,但是父亲了解也不多,讲得非常简单。再次见到《掷铁饼者》后,他激动不已,着了迷似的想多多了解古代奥运会的情形。

皮艾尔翻遍了学校的藏书室,大哥也带着他跑遍了巴黎的所有书店,他们还常常到文人和大学生聚集的拉丁区以及塞纳河边的旧货市场淘旧书。最后,皮艾尔终于找到了几本自己一直渴望得到的书,这些书使他对古希腊人的奥运会有了更多的了解:

> 古代希腊各地经常会举办祭祀众神的庆典,庆典上常常有健壮的勇士们进行竞技比赛。因此,时间长了,这些竞技比赛就逐渐脱离祭祀,演变成了不定期举行的运动会,也叫竞技会。其中比较著名的奥林匹克运动会、伊斯特摩斯运动会、皮托运动会以及尼米亚运动会,号称"四大运动盛会"。

> 在"四大运动盛会"中,知名度最高也最受人们欢迎的就是奥林匹克运动会。公元前11～前8世纪,古希腊人开始在雅典西南的小村庄奥林匹亚举办竞技比赛,由于当时的竞技参赛人员只有伊利斯和斯巴达两个城邦的百姓,因此奥林匹克运动会在当时并没有产生广泛的影响。

> 公元前776年,伯罗奔尼撒半岛的国王伊菲图斯为了巩固自己的政权和统治,决定进行宗教仪式改革,将宗教和体育竞技融为一体。他下令组织大规模的体育祭祀竞技活动,地点就选在奥林匹亚村。体育祭祀竞技活动每隔4年定期举行,时间就定在闰年的夏至以后,这个4年一届的周

期叫"奥林匹亚德"。

第一届运动会的期限为一天,当时只有场地赛跑一个项目,距离是 192.27 米。但是,第一届运动会的参加者却非常多,其中,伊利斯城邦的厨师柯诺依波斯获得了第一名,他成了第一位具有明确记载的古代奥运会冠军。希腊人后来以这一年为国家的纪元,还把这次运动会定为第一届奥林匹克运动会。

后来,随着奥林匹克运动会的不断发展和扩大,比赛项目又逐渐增加了长跑、摔跤、拳击、赛马、马拉车、狗拉车、武装赛跑等比赛项目,比赛期限也增加到 3 ~ 5 天。就这样,奥林匹克运动会的不断发展和受欢迎的程度,已经开始影响其他城邦的运动会性质。

随着对这些对古代奥林匹克运动会的逐渐了解,皮艾尔越来越感到兴奋和痴迷:

古奥运会是一个非常庄严而神圣的盛典,能够参加奥运会对人们来说是很高的荣誉。因此,奥运会对参赛人员的选拔也非常严格。运动员必须是具有纯正的希腊血统的男子,必须是有公民身份的自由人,最重要的是不能有任何的前科和道德污点。

就这样,国王们也都以能亲身参加奥运会比赛感到荣幸和自豪。所有通过严格审查合格的人,必须先在各自城邦进行 9 个月的多项训练,然后还会有 1 个月的集中强化训练。训练期间的要求也非常严格,禁止吃肉,直到训练结束后再次接受选拔。

教练中也有很多各个城邦的国王,他们大多数都曾经是奥运会冠军。奥运会的裁判原来都是由国王亲自担任,后来随着比赛项目的增多以及赛期的延长,又增加了许多裁判员。

由于希腊地处亚热带,天气非常炎热,所以奥运会初期的运动员比赛时都只穿一条兜裆布,后来又全部改成了裸体比赛。所以,运动员和观众都必须是男性,女性因此被严格禁止参赛和观赛。

古希腊人非常崇尚人体的美丽和健康,运动员赤身裸体则更能展示出他们健美的体形。因此在比赛时,赤裸的运动员们全身都会涂上橄榄油,因为这样身体会在阳光下闪闪发光,肌肉才显得更有弹性和力量,更具美感。就这样,裸体比赛成了古代奥运会的一大特色。

当时,奥运会的冠军根本得不到金钱的奖赏,他们获得的只有纯粹的荣誉。因为古希腊人认为橄榄树是智慧女神雅典娜亲手种植的,是神赐给人类的和平与幸福的象征。于是,橄榄枝花冠就被视为最神圣的奖品,只有最受人们敬仰的奥运会冠军才配得到。因此,奥运冠军在自己的城邦被视为英雄,在整个希腊也都享有崇高的声誉。谁要是在3届奥运会中都能拔得头筹,就可以在奥林匹亚村里立一座自己的雕像。

古奥运会的设立,对希腊的文明产生了深远的影响。它启发了奴隶寓言作家伊索的哲理短故事写作,是荷马史诗和索福克勒斯剧作的背景,也出现在史学家色诺芬和哲学家柏拉图的宏伟论著里。

古代奥运会在召开之前,要依照宗教规定在宙斯神庙前设立圣火坛。由希腊少女遵循宗教礼节,面向太阳用凹凸镜汇聚阳光以点燃火炬,因此火炬被称为"太阳火炬"。最后,由少女将神圣的太阳火炬交到奥林匹亚村所在的伊利斯城邦选派出的3名运动员的手上。

3名运动员高举火炬,奔赴希腊全境的各个城邦传播"休战"的告示。他们一路高举太阳火炬,一边奋力奔跑,一边大声呼喊:"停止一切战争,去参加运动会!"后来,这项仪式逐渐演变成了古代奥运会上的一个比赛项目。

在古希腊,火炬传递就像是一道至高无上的命令,即使是正在激烈奋战的城邦,只要看见火炬传递者的到来,就必须立刻放下手中的武器,听从火炬传达的训令。因此,火炬的传递为希腊的和平贡献了巨大的力量。

当火炬巡游全境后,便再次回到奥林匹亚村。这时,运动会就在圣火的照耀下拉开帷幕。火炬的圣火要一直坚持到运动会完全结束才能熄灭。

古希腊人对美丽和健康的热烈崇拜与追求,对奥运冠军重在精神的奖励,特别是他们制定的"神圣休战"原则都深深地感染了中学时期的皮艾尔。

皮艾尔想,如果各国之间都愿意放弃对彼此的利用、猜疑和戒备,都能像古希腊的城邦那样将节省下来的军费用来改善穷人的生活,促进国家的教育、文化、科学和体育活动,那世界将会变得更加美好。因此,皮艾尔在日记中写道:

> 在我迄今所了解到的所有事情中,没有任何东西像希腊古代奥运会那样,让我感到从未有过的震撼!

皮艾尔还了解到:

> 到公元 393 年,古代奥运会已经从未间断地举行了293 届。不料,公元 394 年,侵占希腊的罗马皇帝狄奥多希一世宣布基督教为国教,他扬言说奥运会是异教徒的活动,于是下令终止了奥运会的举办。

> 就这样,奥运会场馆遭到了拆除和销毁,里面的一些器物和摆设也被人偷运出境。后来,奥运会遗址也受到了人为纵火和自然灾害的破坏。最后,承载着希腊文明的奥运会场地就这样变成了黄沙掩埋的废墟,随着时间的推移,完全被风雨湮灭了。

皮艾尔为古奥运会的不幸消亡感到深深的惋惜。他常常躺在床上,凝视着书桌上的雕塑《掷铁饼者》,因为这个雕像总是能让他想起古希腊这个曾经举办过多届奥运会的文明国度。

皮艾尔的思绪一直延伸到古奥运会沉睡千年后被渐渐揭开神秘的面具:

14～18世纪，欧洲大陆掀起了3次大规模的新思想新文化运动，那就是文艺复兴、宗教改革和启蒙运动。

三大运动涌现的人文主义者，推崇古罗马诗人朱维纳尔"健全的思想寓于健全的身体"的观点，他们宣扬人类有权享受世俗生活的欢乐和幸福，重视身体的健康和美丽，并主张身体与精神的统一，身心均衡、协调地发展。

后来，古奥运会的历史文献终于得到了人文主义思想家的重新发掘和研究。他们认为古希腊人重视个人幸福、倡导健康的生活方式和体育运动，非常符合当时社会的人性需要，因此他们对古希腊人的做法倍加推崇。

后来，一些学者还产生了重新挖掘古希腊奥运会召开地奥林匹亚遗址的念头，英国、法国、德国考古学家也都希望能亲自去希腊挖掘奥林匹亚村的古代遗址。但是，统治希腊的土耳其当局却百般阻挠，因此人们对古希腊文明进行深一步研究的愿望没有得到实现。

1766年，英国考古学家钱德勒到希腊进行了实地考察。他冒着酷暑，跟着简陋的驴车辗转于各地。但是，因年代久远，许多地方早已堆积了好几米厚的积土，所以钱德勒始终不能确定应该挖掘的准确位置。

后来，受一个土耳其人的指点，钱德勒找到了一座残破的神庙。于是，他宣布自己找到了古代竞技场的一个角落。但是，后来证明那个地方并非古奥运会的竞技场。2年后，德国考古学家约西姆·威廉也曾前往奥林匹亚，可是他不幸半途遭到强盗的抢劫和杀害。

1799 年，法国人福维尔发现了宙斯神庙的遗址。他的这一发现在当时立刻引起了巨大轰动。于是，各国考察发掘者纷至沓来。就这样，后人对奥林匹亚遗址的研究和发掘进入新的阶段。

1828 年，参加希腊独立战争的法国军团的随军学者，对奥林匹亚遗址进行了挖掘，他还将一批挖掘到的珍贵古代文物送到巴黎卢浮宫公开展览，这在当时的影响颇大。

1852 年 1 月 10 日，刚从希腊伯罗奔尼撒半岛考察回国的普鲁士王国柏林大学教授库尔提乌兹，发表了关于古代奥运会及遗址的长篇演讲。他的这次演讲引起学术界和社会的浓厚兴趣。

后来，普鲁士王国考古学界为进一步发掘奥林匹亚遗址做了大量组织和准备工作，不料却赶上了当时的普法战争爆发，因此考古工作再次被搁浅了。就在开战那年，普鲁士王国和希腊签订了协助希腊全面发掘奥林匹亚遗址的条约。

1875 年，库尔提乌兹领导的考古学家开始对奥林匹亚遗址进行了大规模的持续挖掘。因此，在这一年举办的第三届泛希腊奥运会和发掘奥林匹亚遗址的大型工程，成为了当时欧洲各国报纸竞相报道的热门话题。

皮艾尔就是在老师和泛希腊奥运会报道的影响下，开始对希腊历史、古希腊奥运会产生了强烈而浓郁的兴趣。他时而沉

迷在对古希腊奥运会的缅怀中,时而被报纸上德国科学家的考古进展报道所吸引。

进入政治学院读书

1880年,17岁的皮艾尔顺利从中学毕业,进入了巴黎著名的圣西尔军校读书。这所军校在法国有"将军的摇篮"的美誉,它是青年人与上层社会接触的阶梯,更是贵族子弟飞黄腾达的跳板,因此,只有贵族、富豪或官僚阶层的父母才能把孩子送进这所军校。

然而,追求思想自由的皮艾尔却与圣西尔军校显得格格不入。他一直都希望不同国家能够和平相处。当然,他认可国家需要军队来保卫的想法,但是却不赞成把军官培养成只知道打仗并且急着在战争中建立功勋的机器。

皮艾尔承认国家应该具备正义的进行自卫战争的能力,但是校方甚至整个军方却都不愿意区分战争的性质,他们经常给学生们灌输崇拜战争的落后观念,甚至还对法国19世纪发动的一系列镇压欧洲各国革命的行为大加赞颂。

对于刚刚过去不到10年的普法战争,皮艾尔认为,学校不仅不必忌讳,还应该向学生开设专门的课程对这次战争进行重点研究。但是,校方却百般避讳,严禁师生们公开研讨普法战争,也许他们认为这样就能消除法军战败的耻辱了。

皮艾尔一直以为,这样一所深孚众望的军官学校,里面的体育课程和运动水平想必是一流的。但令他失望的是,军校不仅对学生的思想追求视若无睹,更不重视学生身体素质的全面协调发展。学校里的运动训练除了枪械练习,就是整队集合、徒手操练之类的空架子。

在皮艾尔看来,这所学校里充满陈腐气息的战争理论和战例研究,既不能跟上当代战争的发展变化,更没有反映日新月异的军事科学技术对战争的渗透和影响。因此,他毫不犹豫地选择离开圣西尔军校。

随后,皮艾尔进入了巴黎政治学院。在巴黎政治学院,他立刻感受到了异于军校的开放气氛。这里是拥护共和国,秉持中、左派社会政治主张的中青年知识分子的聚集之所,人们思想活跃、言论自由、尊重不同意见,思想探讨气氛浓郁,这里正是皮艾尔一直向往的自由生活。

在巴黎政治学院里,令皮艾尔感触最深的,就是几乎所有的法国学校在教育体制上都非常落后。但是他发现,从来没有人把体育的落后视为足够严重的问题,更没有人认识到法国青少年非常缺乏体育锻炼。因此皮艾尔总结出,体质虚弱正是法国落后于普鲁士和英国的重要原因之一。

普法战争后,法国人确实开始寻找法国落后的原因,但是像法兰西学院的开明院士、思想新锐的大学学者、观念开放的作家、记者以及一些评论家,他们却都沿着两个大方向来探讨法国落后的原因。

其中,大部分人认为,政治体制决定一切,如果法国巩固发展共和制,或者正相反,出现普鲁士的俾斯麦那样的铁腕人物,实行统一思想、重兵强军的帝国铁血统治,法国就能赶超普鲁士和英国。而另一部分知识分子和青年学生,则着重从法国民众的思想文化层面去探讨国家落后的根源。

其实,提倡"教育立国"的人不少,但是在这些人眼中,体育教育却被他们完全忽略了。这正是皮艾尔深感忧虑的地方。因此,他试着从体育方面去探讨法国落后的原因。

于是,在演说中,皮艾尔大声呼吁,学校应该给予从小学到大学的体育教育应有的地位。虽然皮艾尔的观点,让一部分人觉得是小题大做,但是他的话仍然引起了一些人的共鸣。

1881 年,是皮艾尔进入政治学院的第二年。这时,德国考古学家对奥林匹亚遗址持续 6 年的发掘终于获得了重大突破,奥林匹克运动会遗址的主体部分终于重见天日,其雄伟的建筑、恢宏的气势震惊了整个欧美各国。于是,为了增加报纸的销量,巴黎的各家报纸每天都会公布一些发掘成果的消息,这引起了广大读者的浓厚兴趣。

皮艾尔也订阅了几种主要报纸,但是他嫌送报人每天都送得太迟,因此他每天一大早就亲自跑到报馆买报。有时候,他还会掏钱为同学、亲友们买上几十份,然后分发给他们。那些日子,皮艾尔逢人就讲古希腊遗址的惊人发现,他说这是 19 世纪人类最重大的发现之一。他还经常跑到几家报馆去向老板打听关于遗址更新、更详细的情况。

皮艾尔还曾经在政治学院大讲奥林匹亚遗址发掘的成果以及其中蕴含的意义。但是有人质疑他说："皮艾尔先生，今年正是普法战争结束10周年。在这样一个全国人民最悲痛的时刻，德国考古学家的成就那么值得您宣扬吗？"皮艾尔回答说：

> 我一刻也没有忘记10年前刻在法国人心坎上的耻辱。但是，德国考古学家取得的重大成果我们却更不能忽视。大家都知道，希腊文化是欧洲文化之母，我们法国人、德国人、英国人、意大利人和西班牙人都是在希腊文化的孕育下成长起来的，其中也包括古奥运会的光荣传统。世界上虽然政治、语言、文学都有着不同民族的烙印，但是科学和体育却是没有国界的，它们是各国人民的共同财富。

这是皮艾尔第一次在公共场合谈及恢复古奥运会的想法，虽然他的目标还不是太明确，但是他心中的意念已经开始慢慢长出了希望的萌芽。

大学时代的皮艾尔非常热心参加各种公益活动。在巴黎公社起义10周年前夕，为了引起人们对当年被枪决和流放的公社社员以及遇难者家属子女艰难处境的关注，一些大学生自愿发起了深入贫困家庭的调查和慰问活动。皮艾尔也伸出了自己的援助之手，为活动提供了不少赞助资金。

皮艾尔还为那些贫苦家庭多次募捐，为困苦儿童提供学习用品和营养品，甚至还自己出钱帮他们看病，为他们支付住院费用。他积极倡议改善贫困工人家庭子女的文体活动条件，为他

们提供文体娱乐器材。他还聘请音乐、体育老师,自己也抽出时间教孩子们唱歌、踢球。他甚至自己出钱,为巴黎郊区的一些穷人设立公共读报栏。

在巴黎政治学院,皮艾尔仍然坚持各种运动锻炼。但是他个子不高,也没有隆起的大块肌肉,所以一开始大家都不太信服他。可是不久后大家才终于发现,这个小个子的青年竟然在所有学生中掌握的运动项目最多、体能最佳,协调能力也是最强的。

后来,皮艾尔在学院里还发起和组织了足球队、曲棍球队、击剑队、马术队和体操队,他兼任好几支队伍的队长、教练以及技术顾问的职责。于是,在他带动下,许多过去从不参加体育运动的同学都兴致勃勃地投身到训练和比赛中。就这样,政治学院的运动水平在整个巴黎的高校中都声名远扬。

紧张而繁忙的学术、公益、体育活动以及社交生活,并没有影响到皮艾尔的学业。长期运动的健康生活和积极开放的性格,使皮艾尔看起来更加精神抖擞,精力充沛的他足以应付学校里陀螺般飞旋的生活节奏。

大学期间,皮艾尔还做成了一件大事,那就是他推动政府制定了法国的《体育教育法》。早在中学的时候,皮艾尔就多次向教育当局反映学生缺乏必要的体育活动,但是,他的一封封信件都石沉大海了。

进入大学后,皮艾尔又向教育部和政府明确提出,国家应该在大中小学推广体育教育并且立法。他提交上去的报告都是自己在经过对法国一般学生、学校严重缺乏体育锻炼的状况进行了有理有据的考察后,结合自己的切身体会在理论上做出的有力阐述。

幸运的是,这次教育部官员接到皮艾尔相当成熟的报告后,十分兴奋,他们将报告竞相传阅,又请皮艾尔到教育部来与部长当面探讨。

在与皮艾尔的探讨中,部长慢慢发现这个年轻人视野开阔,对于如何细化、落实学校的体育教育,也有很多深入细致的思考。而且在小学、中学和大学的各个阶段,怎样根据学生的不同年龄段与发育水平,配置适当的体育课时、锻炼内容,达到什么目标以及如何测评,如何聘任体育教师并恰当评价他们的教学成绩等许多方面他都考虑得非常周全。

后来,部长还邀请18岁的皮艾尔参加了体育教育法草案筹备小组,并让他与一批德高望重的老先生一同起草法案。于是,皮艾尔广博的学识、缜密的思想、踏实的作风受到权威人士的一致赞赏。每当到了皮艾尔发言时,大家都会全神贯注地倾听,因为他们从来都没有把他当成是一个仍在上学的学生,而是把他当成法兰西学院最知名的资深院士。

1882年,《体育教育法》由法国政府颁布实施。这个法规的基本思路和若干细则都采纳了皮艾尔的建议,许多人都称赞皮艾尔是促成体育教育立法的第一功臣。这是皮艾尔一生中取得的第一个使全法国年轻人受益的重要成就。

到英国考察教育体制

法国在普法战争失败后，社会各界都在寻找法国落后的原因，并寻找振兴祖国的方法。教育界认为一切都源于法国的教育体制太落后。皮艾尔也意识到了法国教育的弊端，于是，寻找适合法国的教育体制的想法开始在他心中萌发。

1883 年，20 岁的皮艾尔登上了驶往英国的轮船。当时，英国的户外运动与德国体操、瑞典体操并列为欧洲体育运动的三大基石。英国户外运动的种类非常丰富，他们十分注重自然方式和群体参与，所以他们锻炼身体的时候都是在阳光和空气充足的户外进行。皮艾尔对英国的户外运动十分赞赏。

皮艾尔到英国后先后考察了哈罗公学、伊顿公学、威灵顿公学，因为这些中学在英国都是最具声望的私立贵族学校。皮艾尔认为：中学是那些不打算上大学的人的最后受教育阶段，因此这一阶段对他们的一生都有着非常重要的影响。而中学对那些准备上大学的青年来说，也是承前启后的非常时期。因为在小学阶段，孩子们都喜欢玩耍，他们的运动天性仍然活跃着。但是，这种自然的天性到中学时就变得淡漠了，甚至完全被学校的教育体制扼杀了，所以，中学是一个人非常关键的阶段。

在英国的这些一流名校里，运动健身的设施随处可见。每个学校都有一个甚至几个十分宽阔的运动场，这些运动场里的运动器材更是应有尽有。就连学生的宿舍和餐厅里都到处张贴着各种运动赛事的海报，上面写满了招募参赛者的信息。

这里的老师和同学们个个都精力旺盛，走起路来昂首挺胸。皮艾尔看到这些情景，不禁为自己以及所有法国青少年的状况感到心酸。因为在法国，不要说中学，就是大学里也不会有这么漂亮的运动场，这么普及的运动器材和这么浓郁的体育气氛！

当时，英国正普遍流行草地网球。网球本是法国人发明的贵族运动，14世纪，在英法两国的贵族交往中传入了英国。慢慢地，网球在整个英国社会得到了广泛关注，成了一项大众化的运动。

但是，在草地上打网球这个项目，却是皮艾尔从来也没有见到过的。然而，在草地上打网球比在质地坚硬的泥地上打网球要惬意得多，因此草地网球成了英国一种新的运动时尚。皮艾尔对草地网球很感兴趣，他不仅在草地网球场上试打，还详细记录了场地尺寸、草皮种类以及球网的规格和比赛规则，他准备把这项运动引进到法国去。

这些学校的学生每天都要上体育课，他们的体育成绩还会被列入学生的整体表现中。学校还对学生们实行严格的监督和考核，促使那些不愿运动的学生或身体肥胖的人也有足够的运动锻炼。

在英国，没有体力消耗的活动绝不会被列为运动项目。但是，在法国，打扑克、下象棋、猜字谜这些静坐不动的智力游戏却都被算作"体育运动"。为此，皮艾尔深深地感受到，法国最严重

的落后不是缺乏体育场地和运动设施,而是教育当局和师生们对体育的错误认识。

皮艾尔接着又参观了著名的牛津大学和剑桥大学。在这两所大学里,他同样感受到了那种浓郁而欢快的运动气氛。这些大学生们都非常喜欢比赛划船和打曲棍球。在牛津大学图书馆里,皮艾尔终于了解到英国人热衷于户外运动的历史渊源:

在中世纪,基督教教会几乎禁止了一切欧洲学校和社会上出现的正式体育活动,英国也在其中。但是,许多运动以及竞技活动仍然在民间偷偷流传。中世纪后期,英国的少年儿童喜爱玩攻守阵地、蛙跳、打水漂、放风筝、抽陀螺等游戏。

12世纪末,伦敦青少年每逢宗教节日,都要举行跳跃、角力、射箭、投石、格斗比赛,女孩们则偏爱跳舞。复活节的时候,他们还会比赛"投中水上浮动目标"。在多沼泽地的北方乡村,一到冬天,男孩们就玩起了滑冰和溜冰车。城镇居民甚至还会模仿骑士,举行马上打枪竞赛。

12世纪起,英国各地开始流行原始的足球游戏。激烈的赛马比赛更是会让观众热血沸腾。后来,上层社会出现了各种游戏竞技俱乐部,这些俱乐部还受到王室和贵族阶层的支持。这些俱乐部制定、完善了各种运动的比赛规则,逐渐成了英国基本的体育组织。

14世纪初,英国国王爱德华为了打赢与法国之间的"百年战争",下令要求所有身体强壮的市民都要利用空余时间勤练射箭。最后,这项法令的实施,果然使英国在战争初期因为士兵射击精准而获得了胜利。40年后,理查德二世再次下旨要民众练习射箭。

公元1401年,亨利四世又颁布了鼓励民间射击的命令。当时,国王们强化射击本领是为了战争的需要,因此他禁止民间参与其他游戏与竞技活动。但是,坚定的人们并不愿意放弃喜爱的传统活动,因此地滚球、手球、羽毛球和网球在民间又流行起来。

到18世纪末19世纪初,英国各地盛行的运动和游戏有狩猎、射箭、游泳、滑冰、登山、划船、帆船、赛跑、跳高、跳远、投掷重物、撑竿跳、高尔夫球、曲棍球、板球、网球和足球等好几十个项目。这些项目有许多都是在英国本土发明的,还有一部分是从欧洲大陆传入的。

后来,剑桥大学研究英国教育史的斯恩比教授,向皮艾尔讲述了半个多世纪里英国贵族学校竞技运动的演变:

当时,英国贵族学校的体育教育也以户外活动为主,主要有板球、划船、网球和冰球等项目。

1818年,伊顿公学和哈罗公学举行了最早的校际板球比赛;第二年,伊顿公学和威斯敏斯特公学之间举行了划船比赛;1827年,牛津大学和剑桥大学开始定期举行板球比赛。10年后,这些大学开始定期举行田径赛。此后英国学校的体育运动和比赛渐渐走向常规化、正规化,十分普及。

贵族学校的运动设施最齐备,竞技水平最高。但是,不要以为只有私立的贵族学校才重视体育,那些公立学校的运动也同样开展得生机勃勃。英国的学校普遍重视体育教育,因为它们置身于人民普遍热爱户外运动的社会。所以,社会上的体育风气推动着学校体育,学校体育的发展又带动着社会上的体育风气。

在英国,无论王室成员还是平民百姓,他们都普遍喜爱户外运动和各种活泼有趣的娱乐活动,许多人习惯保持终身的体育运动。英国人40岁以下都认为自己是年轻人,他们依然习惯从事足球、板球、橄榄球运动。而中年人则喜欢打网球、羽毛球。老年人则更趋向于打高尔夫球、保龄球和郊游远足。因为这是一个全民运动型的社会。

英国知识分子中有一种说法:英国是在拉格比公学和伊顿公学的竞技场上取得滑铁卢战役的胜利的。

法国大革命后的铁腕皇帝拿破仑,曾经让整个欧洲惶恐不安,但是他们却在滑铁卢战场上一败涂地。此次以英国为首的欧洲联军的胜利固然有多种因素,但军队展现出的超乎寻常的体能和技艺不能不令人关注。

阿罗德是19世纪前期英国著名的教育家,虽然他只活了47岁,但却享有"户外运动之父"的盛誉。1828年,阿罗德担任拉格比公学校长后勇于创新,将民间流行的游戏和竞技活动引进学校并加以改造,后来,这些项目在学生中得到了广泛普及。

阿罗德还通过学生的自治方式,定期举行校内和校际的比赛,使学生运动和比赛越来越制度化。阿罗德认为,体育活动是人类生活中必不可少的重要内容,但是他不主张把学生培养成"肉体的英雄",而是希望健全的身体、高度的智慧和高尚的道德得到协调、均衡的发展。

阿罗德校长的创举,对英国的各级、各类学校甚至整个社会都产生了很大影响。因此,伊顿、哈罗等贵族中学,牛津、剑桥这样的名牌大学也都纷纷效仿拉格比公学的新时尚,就这样,学校的体育运动如雨后春笋一样推广开来,成了英国学校教育的基本制度。

接着,皮艾尔去了拉格比公学,他虽然无缘见到早在1842年去世的阿罗德校长,但是亲临老先生曾经为之贡献的地方,还是让他非常激动。于是,皮艾尔暗暗在心中发誓:一定要让阿罗德的理想越过英吉利海峡,在自己的祖国繁衍开花!

从英国回来,皮艾尔立即请人在摩威尔庄园的古堡附近建造了一个草地网球场。他拿着从英国带回来的资料和工人们一起干活。网球场修好后,他邀请了许多远方的朋友来家里做客,并挨个儿教他们打草地网球。

摩威尔庄园的草地网球场,是全法国引进的第一个草地网球场,也是法国最早进行的近代新式网球运动。后来,摩威尔庄园一带的许多孩子都跟着皮艾尔学会了打草地网球。就这样,在皮艾尔的热情宣传下,草地网球运动开始在法国流行起来。

回到巴黎后,皮艾尔又开始忙着整理这次英国之行的日记

和笔记,他还向朋友们分享了自己在英国遇到的那些令人耳目一新的发现,他还向教育部提交了一份翔实的英国考察报告。

后来,皮艾尔在政治学院和别的大学接连举行了多次演讲会,他还在学院期刊以及巴黎报纸上发表文章,大力向学校的广大师生们宣扬英国先进的全民运动型社会风尚以及英国学校中的体育生活方式。他希望有更多的人也到英国亲眼看一看,体验一番。

许多人听了皮艾尔的宣扬之后都受到了很大的感染和鼓舞,但是,皮艾尔同时也招来了不少的攻击和谩骂。因为英法两国文化差异很大,两国在历史上的积怨甚至比和德国的还要深,所以有人非常反感皮艾尔大肆宣扬英国文化的做法,他们甚至还咒骂他是"仰英国人鼻息,唯英国人好恶是问的应声虫""不折不扣的英国走狗"!

面对愚昧无知又不求上进的法国同胞的指责,皮艾尔并没有感到气愤,而是为这些人的愚蠢感到一种失望和痛心。但是,他并不灰心,更没有停止自己前进的步伐。

在1883年的一篇文章里,皮艾尔第一次提出了定期举行世界性体育综合竞赛的设想。此时的他离两年前"让法国强大起来"的理念又近了一步。

推动了教育改革

1885 年，皮艾尔在政治大学顺利毕业。这时候，他的母亲希望他能够进入教会接替自己的慈善事业，而他的父亲则希望他能够像两个哥哥那样参军入伍或学法律，因为这几条出路都是富家子弟升迁的阶梯。但是，皮艾尔并没有采纳父母的建议，而是全身心地投入教育的改革当中。

皮艾尔清楚，自己如果选择这条路就会失去很多机会，但是为了他心中的远大目标，为了实现振兴法国教育、塑造法国青少年的强健体魄的理想，他毅然决然地放弃了稳妥的升迁之路。

其实，皮艾尔完全可以选择到教育部任职做官员。但是，为了更方便地行动，更自由地发表个人意见以及更专注地将心思放在教育上，皮艾尔选择了以独立的身份去从事教育。

许多年后，当后人在分析皮艾尔此举时认为，皮艾尔的选择是时代的选择，完全符合法国利益。然而，用当时的商业眼光来看，皮艾尔选择的却是一条前途黯淡的道路。这一点，皮艾尔心知肚明，但是为了心中远大的理想，他仍然义无反顾地向前走着。

1885 年，皮艾尔在巴黎结识了匈牙利教数学和物理的教师凯美尼。他比皮艾尔大 3 岁，他对国际和平的热心和理解，深得皮艾尔的赞赏，两人从此成了好友。后来他还和皮艾尔积极协

作,提出了奥林匹克运动有利于国际和平的思想,他还当选为国际奥委会的首批委员。

1885～1887年,皮艾尔又3次前往英国考察。在英国,他学习了那里先进的教育制度和体育模式。因此,前后共4次的扩展考察使他对英国的教育制度有了更加深入、细致的了解。不知不觉间,皮艾尔成了所有法国人中最了解英国教育制度的权威人士。英国之行,为他的思想注入了新的活力。

这个时期,皮艾尔也开始认真钻研文艺复兴以来法国和欧洲许多教育家、思想家的著作和学说,了解他们的思想精华,以便从他们那里吸取精神营养。后来,对前辈思想家们新思维的学习和钻研,大大开阔了皮艾尔的视野,充实了他的理论素养,坚定了他的信念。他后来在日记中自述自己的人生志向:

把自己的名字和伟大的教育改革联系在一起!

1886年,一些法国医生根据他们对中小学生体质的调查结果,在首都报纸上发表了公开信,他们大声呼吁:

孩子们课业负担太重!应该给孩子们更多休息和娱乐的时间!

皮艾尔看到公开信后,立即在报纸上发表了文章给予声援,他提出了"延长学校的假期""建立新型学校""在城郊和乡村建立体育场和游戏场地""在学校里建立体育协会,组织体育比赛"等具体建议。皮艾尔的这一举动在社会上引起了很大关注和反响。

从这一年起,皮艾尔开始在报刊上大量发表文章。他向法国人介绍国内外先进的教育思想和实践经验,还说一定会在法国进行大刀阔斧的教育改革。因此,他发表了《论教育制度的改革》《学校运动的指导原理》和《一个法国人眼中的英国学校户外运动》等一篇篇资料翔实、评述充分、观点鲜明的文章,让法国读者们深受启发。

皮艾尔认为,自己的神圣使命就是用体育唤醒法国。因此他呼吁法国的所有学生和青年以各种方式积极参加体育锻炼。他还提出了"晒黑皮肤,坚强意志"等响亮口号。就这样,皮艾尔"体育救国"的思想在法国各地的学生和青年人中广为传播。

1887年,皮艾尔做了"法国和英国中等教育制度对比"的报告。在报告中,他对英国拉格比学校以前的校长阿罗德的先进做法给予了高度评价。因此,在这份报告发表后,所有的法国学生以及青年都对英国的教育制度赞叹不已。

这一年,在朋友们的一次聚会上,皮艾尔遇见了自己少年时代的好友玛丽·诺丹。26岁的诺丹面容清秀、身材苗条,已经出落成了亭亭玉立的温婉女子。她从巴黎大学德语文学专业毕业后,便在一家出版社担任德语文学翻译的工作。聚会结束后,皮艾尔和诺丹又到了一家咖啡馆叙旧。

皮艾尔和诺丹谈起了自己当年阅读都德的小说时,被作家深深思念的家乡的人文风情感动得泪流满面的情景。诺丹也追忆起和皮艾尔经历过的一些生动的童年趣事。皮艾尔还打听了

诺丹父母的近况,才得知诺丹还没有结婚。

诺丹有些伤感地说:"虽然有人说巴黎是世界的爱情首都,但是爱神丘比特的神箭却不能使每个人都找到合适的伴侣。追求我的人很难让我动心,但我心仪的人又毫无察觉,上帝真是捉弄人。"

诺丹的话带有非常明显的暗示,但是此时的皮艾尔整个心思都放在了刚刚起步的事业上,因此他并没有想要进一步了解诺丹的心思。于是,他安慰诺丹说,她一定会遇到那个成熟、稳重并且十分爱她的英俊绅士。

就这样,皮艾尔虽然对诺丹确实有好感,但他还是错过了向诺丹敞开心扉的机会。也许他还需要更多的时间、更深的阅历才能确认对方就是最适合自己的另一半。

1888 年,皮艾尔在历年考察研究的基础上写成的《英国教育》在巴黎出版了。这是他的第一本专著,这本书对法国借鉴英国经验推行教育改革起到了非常重要的参考作用。

后来,皮艾尔用体育推动教育改革的做法,终于引起了法国官方的注意。1888 年,在皮艾尔和一批有识之士的推动下,法国学校体育训练筹备委员会宣告成立,皮艾尔被推举为法国学校教育、体育训练筹备委员会秘书长。

从这以后,皮艾尔的日程就更满了。他后来又发起并成立了全法学校体育协会;次年,又在一个叫乔治·德·圣克莱的人的推动下,成立了法国体育运动联合会。这位早年受英国教育熏陶的法国贵族,同皮艾尔一样主张体育救国。皮艾尔还用自己的钱设立了皮艾尔·德·顾拜旦奖。他规定,只要是运动成绩优秀的学生,都可以获得一笔奖金和精美的运动勋章。

但是,皮艾尔的举措遇到了强大的社会阻力。首先是家长和医生的反对。在当时,肺结核是一个不治之症,他们担心体育活动会增加学生之间相互接触的机会,以至于病菌会疯狂传染。

其次,这项举措遭到了教师的反对。因为他们害怕体育运动会破坏学校的纪律。除了这两类人群,教会更是激烈地攻击皮艾尔,他们敏锐地觉察到体育精神同教义教规是根本对立的,因此他们担心体育精神导致异教入侵,甚至促使青年人的宗教信仰瓦解。

就这样,皮艾尔奔走宣传了2年,他的宏伟计划在实施过程中遇到了各种非议,但是他没有气馁,仍然继续艰难地向前跋涉。

成为业余的裁判

作为一名体育的推崇者,皮艾尔对各种体育项目的规则都了如指掌。因为他早就发现,体育运动与生活中大多数情况一样,如果不能了解每个竞技项目的具体规则,就无法建立国际通行的体育标准,不能在体育场上推行公平竞赛。

也许当时每个人都明白,如果体育运动没有全球通行的规则,那么就很难成为国际交流的方式。这一难题令皮艾尔异常

兴奋,随之他开始细心研究每个现代体育项目的历史。但是,真正让他了解到体育规则的重要性,是从布罗涅森林公园开始的。那天,他在那观看了一场英式橄榄球比赛。

埃兹迪萨科公爵亚历山大·德·拉·罗斯福柯,是个魅力非凡、富可敌国的贵族,也是巴黎赛马会的主管。1886年年初一个周六的上午,在他的邀请之下,皮艾尔有幸前往布罗涅森林公园的游乐园观看了一场业余英式橄榄球比赛。

罗斯福柯家族与顾拜旦家族是数百年的世交,老公爵也很早就赞同和支持皮艾尔的体育教育设想。皮艾尔还曾两次在其赛马会上致辞,向其颇具社会影响力又喜欢体育运动的贵族成员们讲述将体育锻炼纳入法国教育的重要性。

这一天,阳光明媚,操场上绿草如茵。皮艾尔与罗斯福柯坐在破旧的看台上面,看着橄榄球队员们从更衣室里鱼贯而出,他不由得惊喜万分,以至于在看台上跳了几下。但是,看台本来就破旧不稳,经过皮艾尔这一跳更是摇摇晃晃,几乎坍塌了,就连老公爵都差点掉了下去。

"皮艾尔,安分一点儿。"罗斯福柯紧紧地抓着屁股下的座板,抗议道。

皮艾尔笑道:"这看台,倒是离我预想中赛马会的排场有点儿差距。你那些老朋友不捧场啊。"

"不是的。这是我侄子的比赛,不是我们赛马会的活动。所以我也只邀请了你一个人,因为我知道你喜欢拉格比小镇,热爱英式橄榄球。还有,我想让你评价一下杰勒德的水平。"

这时候,队员们正在球场上热身。皮艾尔放眼看去,看见一个健壮的年轻人,一头卷发,穿着红色运动服。

"嗯,我看见他了。"双方队员各穿红色和黑色运动服,却没有像英国的橄榄球比赛一样头戴帽子、身穿统一的运动裤。

热身还在继续,比赛已过了开始时间。操场边上一阵骚乱,边裁在向两队教练解释着什么,周围人则围了过去一看究竟。

"没有裁判。"皮艾尔立刻就已经明白了问题所在。这时两位教练登上看台向他们走了过来。他们显然明白罗斯福柯公爵才是在场的权威。这时,杰勒德也跑了过来。

杰勒德的教练开口道:"裁判还没来,没有人管控比赛纪律,"其他队员都停下热身,看着他们商量对策,"比赛非乱成一锅粥不可。"

"太可惜了,"老公爵说道,"他在来的路上吗?"

"不知道,"另一位教练说道,"我和约翰能当裁判,不过没办法保证公正。"

"你们有哨子吗?"皮艾尔问道。这时他决定毛遂自荐,给这场比赛当一回裁判。

大家纷纷转过头看着他。

"你能当裁判?"罗斯福柯愣了一下,惊讶不已。

"可以。能不能借给我一套运动服呢?"皮艾尔一边说着,一边低头看了看脚上的软皮鞋,穿这个在草地上奔跑一定是要滑倒的,"还要一双钉鞋。"他补充道。

"没问题,男爵。"杰勒德答道,"去更衣室换衣服吧。"

老公爵对皮艾尔说道："你真是太好了，皮艾尔。"看到问题迎刃而解，他显然很高兴，"我不知道你还能当裁判呢！"

"在掌握了英式橄榄球的规则之后，我执法过很多比赛，大多数都是英国预备学校的比赛。今天在场的都是成年人，想必都会公平竞赛的。"皮艾尔说道。

10分钟后，皮艾尔弯着腰，手拿橄榄球，两侧是争球的队员。他屏住呼吸，准备开球。在接下来的一个小时里，他在球场上前奔后跑，当队员们抢作一团时，他用尽全身力气将这些强壮的小伙子分开。

在皮艾尔的控制之下，本次的橄榄球比赛进展非常顺畅，只出现了五六次界外球和高拦截的情况。皮艾尔偶尔向看台看去，只见老公爵很是享受他的执法，尤其是在他高喊"蹲下！""触球！""预备！""开始！"的指令，让双方队员开始拼抢时，老公爵更是露出了赞赏的目光。

最后，身穿黑色运动服的一方发起最后一击，以23：20的成绩击败了杰勒德的球队。后来，当皮艾尔去更衣室洗浴更衣的时候，一大群球员纷纷围上来感谢他的执法。罗斯福柯公爵更是对他赞不绝口，当晚便要设宴款待他。

皮艾尔很喜欢这种比赛后的情谊。在一群身强力壮、情绪激昂、怒气冲冲的小伙子面前，他成功地执法了比赛，即便是在最激烈的时候也保证了自己的权威。

对这次成功担任裁判，皮艾尔很是高兴。即使他在比赛中被争球的队员撞了肩膀，甚至还有几处被擦伤出了血，但是他仍然觉得意犹未尽。对他来说,当裁判能保持身体状态,还能与诸多球队联盟、与很多重视体育的人士保持密切联系,所以,当天离开时,他脑中想的全是一个念头,那就是他今后一定要锻炼身体。

当天晚上,回到家里,坐在书桌前,皮艾尔立刻制订了一份正式的跑步计划:从巴黎7区的家中出发,到布罗涅森林公园,再返回,全程10英里。这时候,皮艾尔刚刚23岁。

长跑是皮艾尔主要的锻炼方式,然后他再辅以健美操、引体向上,还有击剑、拳击、骑马等。现在,皮艾尔越来越将自己看作一位体育运动的倡导者,因为他明白,自己的身体状况对其使命而言至关重要。

果然,经过几个星期、几个月甚至几年的锻炼后,皮艾尔的身体状况的确发生了非常明显的变化。此后,他在法国的英式橄榄球裁判中不断进步,最终脱颖而出。终于,在1892年于法兰西体育场举行的国家锦标赛上,他在6万名观众面前为这次比赛亲自担任了裁判,从而达到了自己作为一位业余裁判的事业巅峰。

在那场比赛中,法国竞技俱乐部代表队以4∶3的成绩赢了法兰西体育场代表队,而皮艾尔也就此结束了自己的裁判生涯。但是,后来有了一次例外,就是在1906年1月1日他生日的那天,他一度复出,执法了法国的首场英式橄榄球国际比赛,对手是新西兰。

后来,由于皮艾尔有了更多志向,工作量也过大,所以他不

得已放弃了裁判事业。尽管如此,他对这段经历仍然心怀感激,因为裁判员职责逼迫他养成了自律的好习惯。1886～1892年,他在跑步中收获的不仅是身体的健康,还有他在历史看台前排的一席之地。

到美国访问考察

1889 年,皮艾尔出版了《在法国推行英国教育》一书,这本书是《英国教育》的续作。教育部长于勒·西蒙为这本作序,他热情地评价了皮艾尔的新书。

教育部长的赞誉和期待说明:皮艾尔倡议的教育改革已经获得法国政府的正式认可和支持,他们也正在积极推进。就这样,教育改革的风向在不经意间已经发生巨大改变,那些曾经咒骂皮艾尔是"英国走狗"的人也不敢再公开随意抨击他了。

这年 6 月,巴黎举行了全法体育教育代表会议,皮艾尔在会上做了重要报告,受到了参会人员的热烈欢迎。会议结束时通过的成果文件,在很大程度上采纳了皮艾尔的观点和建议。同年秋天,国际体育训练大会在美国的波士顿举行。皮艾尔也受法国教育部委托出席了这次大会。

这是皮艾尔第一次来美国,到美国后的数周时间里,他辗转各地,分别考察了艾摩斯特大学、宾夕法尼亚大学、美国天主教大学。之后,他又搭乘一辆出租马车沿第六大道来到了纽约运动俱乐部。

皮艾尔准时抵达了运动俱乐部,此次与他会面的人叫威廉·白金汉·科狄兹。他既是一名拳击手、跑步运动员、链球运动员,又是一位编辑、体育的推广人。在 1868 年,他与同伴联合创办了纽约运动俱乐部,并一直担任俱乐部的主席。

科狄兹是当时美国体育界举足轻重的人物。皮艾尔曾经听说,一年之前,科狄兹还创办了业余体育联合会。这一组织,在未来的岁月里对美国体育的发展起到了重大作用。

纽约运动俱乐部位于 55 大街和第六大道的十字路口处。皮艾尔刚一进门,就被前台的接待员认出来了,于是他被直接带到了科狄兹的办公室。

此刻的科狄兹身着衬衫,正坐在办公桌后修改报纸底稿。皮艾尔一眼就看出,他拿的报纸是《时代精神》,这个报纸就是科狄兹本人创办的体育报纸。科狄兹也同样一眼就认出了皮艾尔,于是他立刻放下笔,激动地绕过办公桌,与皮艾尔握手。

“欢迎来到纽约运动俱乐部!”科狄兹对皮艾尔说道。

科狄兹虽然已是 50 多岁了,但是他看上去身体依然非常强健。

“我也非常感谢您能抽出时间来与我会面。”皮艾尔同样用非常流利的英语感激地说道。

科狄兹邀请皮艾尔在自己的办公桌前坐下来,他随后也坐了下来。

“听说你要把体育融入法国的教育体系,还要调查我国各个

大学的体育现状。那么你这次在美国的行程是如何安排的？"

"我打算先去波士顿参加本次体育教育大会，然后向西去芝加哥，向南去新奥尔良，再返回普林斯顿，一路上顺便考察各地的大学。"

"那这段路程可不短啊。"

"那您会不会去呢？"

"我不行，我平时太忙了，抽不开身。但是苏利文和其他几位同事会代表业余体育联合会参会。你认识他吗？"

"我曾经听说过他，但是却一直未能有幸与他结识。"

"可别当成幸运的事，苏利文的脾气很暴躁的！"科狄兹半开玩笑地说。

"哦，我知道了，我会小心的。"皮艾尔回答。

"下个月你能不能过来参加我们俱乐部举行的比赛？比赛项目有赛艇、跑步和拳击，就在坦纳岛的新俱乐部举行。当天会有 500 多位客人前来。"科狄兹邀请皮艾尔说。

"谢谢您的邀请。我之前就听说了您在佩罕马诺的桑德开了一家夏季俱乐部。"

"你的消息很灵通啊，那里虽然设计的是夏季俱乐部，但是一年四季都可以使用。关于我们的俱乐部及活动，你有什么特别想了解的吗？"

这时候，皮艾尔从包中拿出笔记本，说道："是的，您若是不介意的话，我正好有几个问题想要咨询您一下。"

"我一定知无不言。"科狄兹痛快地说。

于是,二人在一起友好交谈了很长时间。由于科狄兹对俱乐部各项事务都了如指掌,所以他向皮艾尔介绍了纽约运动俱乐部的运作情况,俱乐部的诸多体育项目以及俱乐部组织推广的比赛。他甚至还介绍了俱乐部中一些杰出的运动员。

就这样,皮艾尔果然不虚此行,他记录了十多个纽约运动俱乐部的个人和团体体育项目,既有常见的体操、拳击、击剑、田径项目,又有水上项目、马术,甚至还有登山项目。

更重要的是,科狄兹还给皮艾尔深刻地阐述了目前美国体育界的大论战。一边是美国大学体育和团队体育的兴起,一边是热衷于大众体操模式的大学校长及管理者不断打压竞技体育。

就这样,二人通过谈话拉近了彼此的距离,他们很快就变成了非常亲近的好友,以至于皮艾尔直接称科狄兹"比尔老爹",这是他的外号,因为他培养了很多优秀的体育运动员。在会谈的过程中,二人一度谈到了国际的比赛与合作。

科狄兹说道:"我们真正需要的,是从英国和法国派两支队伍过来,好好打几场英式橄榄球比赛。我一直都很想看看,在跑步、拳击、摔跤等方面,美国的小伙子跟法国的小伙子是如何对抗的。如果你们能选派出优秀选手,我很乐意组织几次比赛来切磋一下。"

会谈结束了,皮艾尔合上笔记本。科狄兹执意要带他参观一下俱乐部里的体育馆、跑道、游泳池等设施。参观完毕,二人走下楼梯,来到入口处。

　　科狄兹对皮艾尔说,等皮艾尔考察结束回到纽约,一定要再来他这里拜访。因为他想听听皮艾尔的考察结果,并刊登在《时代精神》上面。此外,他还想将几个人介绍给皮艾尔认识,其中就包括泰狄·罗斯福,他是纽约政治界和运动界中一颗正在冉冉升起的新星。

　　"你对体育教育这么感兴趣,一定会欣赏罗斯福教导街头小混混的做法。他在市中心和布鲁克林创办了好几个体育馆,教这些人拳击,以控制暴力和犯罪。他的这一做法还真让很多孩子都迷途知返了。"

　　离开纽约运动俱乐部的时候,皮艾尔一路上都在回想着科狄兹开诚布公的谈话和他对各项体育运动的热爱以及他分享信息和见解的意愿。皮艾尔认为,科狄兹恰恰具备了他此行最希望看到的美国人的国民性格。如果此次考察之路上自己还能再接触几个像科狄兹这样的人,那一定会给今后的体育发展带来更多的好处。

　　几周之后,皮艾尔乘火车去了奥尔巴尼,又转车去了波士顿。这条线路在当时是人们去波士顿的唯一选择。路途中,他思考着即将踏入的美国新兴的大学体育世界。虽然竞技体育在美国大学校园中风行,但是,正如科狄兹所说的那样,绝大多数的大学校长和管理者都担心团队的体育教育会影响到学生的学习。

　　皮艾尔此次美国之行还将与康奈尔大学的安德露·怀德、约翰·霍普金斯大学的丹尼尔·吉尔曼以及哈佛大学的查尔兹·艾略特3人会面。因为他知道,这3人所提倡的体育教育,是德国和瑞典那种约束较多、激情较少的锻炼形式。

事实上，死板的体操运动时代已经结束。竞技体育正在美国兴起，势头正劲，不可阻挡，就像托马斯·阿罗德的学校体育模式在英国的情况一样，一发而不可收。

一个崭新的体育教育模式已经降临。它结合了个体自由与团体合作，像一股全能的力量席卷全球，将所有过时、呆板的形式一扫而光。在皮艾尔看来，体育运动体现了新的全球时代的所有美好前景，理应物尽其用。

列车在秋日的康涅狄格州乡间穿行，皮艾尔暗中决定，在此次会议上他要故意贬低集体体操模式，利用这次机会，将阿罗德的模式作为体育的未来介绍给大家。

作为此行的官方职责，他本应在此次会议上汇报体育教育大会的情况以及考察的情况，但是他正在酝酿另一个强有力的发言。他决定重演当初在体育教育大会上的一幕。他知道，此次会议的与会者当中，肯定有很多人赞同竞技体育。他认为，自己此行的目的之一，就是随时随地开诚布公地阐述体育的发展方向。

火车抵达波士顿后湾车站已经是傍晚了，皮艾尔乘马车去了预订的小旅馆。旅馆位于亨廷顿大街，就在公共图书馆旁边。路不算远，几分钟之后就到了。皮艾尔惊讶于此行的迅捷，给了车夫双倍小费。他本想当晚就近散散步，可又改了主意，决定第二天一早再出门，去麻省理工学院参观一下。

皮艾尔在旅馆里吃了晚饭后，开始修改大会的发言稿，又看了看斯隆派来参会的3位发言者的材料。"波士顿身体锻炼大会"

这个名字起得太差,皮艾尔心想,太有局限性了,要是叫"体育教育大会"就好多了。

本次会议的主席是美国教育部部长威廉·哈里斯,另两位发言者分别是约翰·霍普金斯大学体育主任爱德华·哈特维尔博士以及来自艾摩斯特的哈佛教授兼体育教育改革家爱德华·希区柯克。皮艾尔尚未与哈里斯见面,但斯隆和西蒙都曾在信中将他介绍给哈里斯。因此他真心盼望能与哈里斯交谈几分钟,若是能一起喝杯咖啡就更好了。

在会议期间,皮艾尔终于如愿以偿。他与哈里斯进行了亲切友好的交谈,两人并就互相关心的问题坦诚地交换了意见。会谈在宽松融洽的气氛中,整整进行了半个小时,双方才依依惜别。

趁着还在波士顿,皮艾尔到剑桥参观了海明威体育馆,馆长萨金特博士还亲自作为他的导游为他解说。在这里,他亲眼看见了紧张激烈的体检过程。体检的时候,每名学生都得参加,或是为了矫正身形,或是为了强身健体。

萨金特让一位颇为健康的年轻人做示范,用测力计、肺活量计、听诊器等设备,检查其力量、肺活量、心率等数据,满分为50分。皮艾尔在一旁看着,惊奇不已。此处的体检水平及推荐的矫正运动都令他忍俊不禁,他认为萨金特博士所做的体检更像是搞医学,而并不是体育运动。

大会结束后,皮艾尔为期4个月的考察终于可以风风火火地展开了。离开波士顿之后,他先是去了马萨诸塞州的莱诺克斯。在这里,作为来访的贵族,在一群自以为是而排外的上流阶层中,他度过了一个不太愉快的周末。

后来,皮艾尔匆匆返回了艾摩斯特,希区柯克教授为他展示了一场伴乐体操表演。希区柯克提供的宣传册中的内容对上帝有着非同一般的强调,由此可知,这位老人是带着福音派信徒的眼光来看待体育锻炼的。皮艾尔对此甚为惊讶,他想,体育的形式多种多样,可被塑造成各种用途。

随后皮艾尔去了蒙特利尔,考察了两所大学,又去了伊萨卡的康奈尔大学。在那里,他与怀德校长一见如故,并向其阐述了他对体操的最初认知,那就是在美国体育教育中,这种死板的锻炼方式必定没有出路。

之后皮艾尔又去了芝加哥。站在密歇根湖的岸边,他心想:这个18年前曾被付之一炬的城市已迅速成长为商业大都市。他参观了芝加哥著名的工业中心。在这里,著名工程师铂尔曼曾因制造火车而发家致富,并通过文化、教育和体育设施为工人们提高生活水平,结果有喜有悲。

在此期间,皮艾尔还在芝加哥的福利机构赫尔馆目睹了城市的贫困惨状,并与赫尔馆的创始人简·亚当斯促膝长谈,对其帮助穷困百姓的事迹深表钦佩。

皮艾尔此次的美国之行主要是乘火车,仅1889年一年里,他的火车行程达到了近10万英里,在美国东部画了一个不规则的大圆。他穿过圣路易斯,前往新奥尔良,又越过美国南部,折回华盛顿,去了巴尔的摩,最后到达普林斯顿。一路走来,这个国家、其大城小镇、其人民,尤其是其教育系统及学校里多种多样

的体育项目,都在他心里留下了深刻的印象。

但是,在美国一些地方仍然存在着皮艾尔不能接受的现实。尤其是美国白人歧视黑人的现象,他并不感到奇怪,但是令他不安的是,这种种族歧视已经到达了难以想象的程度。

在新奥尔良市的杜兰大学里,在读到其同名捐助者巨额捐赠的宗旨时,他发现这所学校当初竟然只是为了培养白人学生而设立的。而在社会活动的方方面面,他都目睹了白人对黑人的排斥和蔑视。

于是,皮艾尔开始思考黑人问题,开始明白为什么这些无理的条款会被写入州法中。因此他在笔记中如此写道:

> 倘若美国的南方诸州不改愚蠢,继续施行如此荒唐的法律,他们终有一天要为此付出巨大代价。

最后,皮艾尔前往普林斯顿大学,与著名的亲法教授威廉·密里根·斯隆进行了会面。就这样,皮艾尔在美国跑遍了波士顿、纽约、华盛顿、巴尔的摩和加拿大的温哥华、蒙特利尔等许多大大小小的城市,还考察了许多寄宿学校、普通中学、大学和体育俱乐部。

最后,皮艾尔终于惊喜地发现,加拿大和美国都是在很早以前就开始推广英国式的体育教育。这次美国之行,皮艾尔收获颇丰,他还撰写了数百页的考察报告,这对他后来推行的体育教育有很大的作用。

第三章

筹备奥运会

主张恢复奥运会

在过去两三个世纪中,一批批欧洲移民给北美大陆带来了各自国家流行的传统竞技和游戏项目。于是,在守旧势力非常薄弱的北美大地上,这些竞技和游戏活动获得了更加理想的发展空间。欧洲新近传播的新运动、新观念和新做法,也总是以最快的速度传到美国和加拿大,甚至比发源地还要盛行。

19世纪50年代是美国社会体育迅速发展的时期,中小学把体育列为学校的正课,大学也开始建造体育馆、体操场。英国的户外运动、德国和瑞典的体操都在这里找到了理想的"天堂"。

皮艾尔在美国和加拿大到处都能看见运动员和体育爱好者意气风发的身影。当他听见人们称赞体育设施的先进和完善时,会十分振奋和感动。因为他清楚地看到,正是体育运动的兴盛,才给美国和加拿大的青年一代带来了朝气蓬勃的精神面貌。

回国后,皮艾尔出版了《大西洋彼岸的大学》一书。他在书中向法国知识界、教育界介绍了自己在北美考察的所见所闻。在书中一封致法国教育部长的长信中,皮艾尔说,通过考察,他对"体育"与"和平"的含义有了更深刻、广泛的理解。

与此同时,皮艾尔也发现了体育运动中无处不在的冲突现象:运动项目的热衷者与反对者之间的内战、不同项目运动员之间的彼此轻蔑、德国体操对瑞典体操的排斥、美国足球对英国足

球的鄙视以及商业对体育界的侵袭,等等。在皮艾尔看来,消除上述矛盾的有效措施,就是要团结一致,举办各国体育代表团都参加的、定期的"奥林匹克运动会"。

1891年,皮艾尔当选为法国田径协会秘书长。法国田径协会,是1887年由圣克莱创建的,后来成了法国奥委会的前身。

经过不懈的努力,孤立无援的皮艾尔终于寻找到了知音。他聆听圣克莱的演讲,拜读他的文章并分析他的思想观点,还与他结下了深厚的友谊。后来,皮艾尔利用田径协会复兴奥运的想法油然而生。他利用工作之便,广泛结交志同道合的朋友,将大量的时间用于社交。当时,他的主张还赢得了著名作家大仲马、凡尔纳等人的强烈支持。

同年,皮艾尔还创办了《体育评论》杂志,以此为阵地热情宣传他的主张。他在新刊物里写到他对体育这一人类社会活动的认识和反思:

> 体育的本质是和平年代的战争。但是这是更加文明和进步、合理而且合法的战争。与带来大量的生命戕害与社会破坏的真正的战争相比,体育竞赛非但不会带来巨大的灾难,还能让人们从中受益。
>
> 运动员为在比赛中获胜而激发起来的决心和斗志,观众希望自己喜爱的选手、球队取胜的激动情绪,不会像战争中那样失去控制,蔓延为不同国家和民族之间世代相袭的仇恨与偏见,孕育新的灾难。一个合乎逻辑的趋势便是:在体育运动发达的地方,战争的硝烟便会渐渐消散。

皮艾尔大声疾呼：

> 让各国的年轻人到运动场上去相互竞争吧！而不是把他们送到战场上去彼此厮杀。

皮艾尔在文章中表达了要在全世界推广奥林匹克运动的思想，这种宣传对创办奥运会起到了积极的推动作用。

1892年11月25日，在庆祝法国体育运动联合会成立3周年大会上，皮艾尔又发表了著名的演说，第一次公开和正式地提出恢复奥林匹克运动会的倡议。在演说中，皮艾尔表明：

> 以传统的名义获得新生的奥运会是否仍然只允许希腊人参加呢？或者如当代希腊人所依据的原则，最多扩展到他们移居海外的侨民中间？其他国家的运动员就不能与奥运会故乡的运动员同场竞争？举办的地点只能在希腊国内，还是也可以由同样信奉奥林匹克运动理想的外国城市来举办？
>
> 我认为它应当是充分开放的。运动员队伍应该扩大，让各个国家的运动员都有机会来参加公平的竞赛。欧洲各国只要愿意按照奥林匹克运动的原则来主办奥运会，其他国家也相信它们的努力、能力与其真诚的愿望一致，能够办好各国期待的奥运会，就可以由这个国家的某个城市来主办。

他满怀激情地呼吁：

让我们彼此交流赛艇选手、赛跑运动员和击剑运动员吧！他们就是未来的自由贸易。当古老的运动风尚被引进欧洲，成为人们内在的身体与精神需要时，和平事业也将获得新的有力支持。

我希望赞成我的想法的人一如既往地支持我，在符合现代生活条件与文明观念的基础上，来共同推进这一宏伟而有益的事业——恢复奥林匹克运动会。

皮艾尔清楚地表明，一定要继承古代奥运会的传统精神，但是并不意味着要对古代奥运会不加分析地全盘复原，而是要与时俱进，推陈出新，使现代奥运会反映社会进步，符合新的时代要求。

然而，皮艾尔热情的呼吁得到的回应只是冷漠。许多代表毫不掩饰地投来怀疑的目光，因此，演说结束时，皮艾尔只获得了稀稀拉拉的掌声。

后来，在皮艾尔和少数支持者一再要求下，体育运动联合会才把他的演讲要点不加评论地勉强写进了决议中。但是，皮艾尔并没有气馁，他和为数不多的志同道合者相互安慰，相互鼓励，继续推动着自己心中的目标。

1893 年 1 月 27 日，借助英国业余田径联合会秘书赫伯特和美国普林斯顿大学教授斯隆，以及瑞典巴里克将军等人的支持，皮艾尔在纽约的大学俱乐部召开了巴黎国际体育代表大会的预备会议，其中皮艾尔·德·顾拜旦男爵代表了欧洲大陆，赫伯特先生代表了英国及其殖民地，斯隆先生代表了美洲大陆。

1894 年 2 月 7 日,皮艾尔又在伦敦体育俱乐部召开了第二次会议。在此期间,他积极和国际上的体育人士讨论创办奥运会的问题。他还将会议的提纲和呼吁书寄给许多国家的体育俱乐部,得到了不少体育俱乐部的支持。

此后,皮艾尔又走遍了法国,在巴黎、里昂、波尔多、雷恩、奥尔良等地,争取到了这些城市的田径协会和学校体育协会的支持。他走访了欧美许多国家,拜访了有关领导人和体育界领袖,宣传他的想法。

皮艾尔这么做的目的,一是为了给人留下民族团结的美好印象,二是为了造成众人支持这项事业的强大声势。根据皮艾尔的理想,恢复奥林匹克运动的目的,在于增强各国运动员之间的友谊与团结,促进世界和平以及各国人民之间的相互了解,共同发展世界体育运动。

最后,在国际上各种因素的促进和皮艾尔的不懈努力下,创办奥运会的各种准备工作终于就绪了。也就是在这一年春天,31 岁的皮艾尔和玛丽·诺丹逐渐恋爱了。

诺丹聪明能干、个性鲜明,她和皮艾尔彼此欣赏、相互理解。两人常常挽着手去卢浮宫看展览,在塞纳河边散步,还会去常去的咖啡馆里消磨时光。

为了集中精力筹备即将召开的国际体育大会,诺丹同意把两个人订婚的消息推迟到大会以后再告诉双方家人。她还主动提出可以义务为筹备中的国际体育大会做一些翻译、打字、校对等工作。看着善解人意的未婚妻,皮艾尔非常高兴,他相信自己找到了一个理想爱人。

举行国际体育代表大会

皮艾尔对国际体育大会的执着得到了和善的巴黎大学校长奥克塔夫·格里亚德的允许。皮艾尔高兴极了,他立即致信希腊和比利时国王陛下、希腊太子殿下、威尔士亲王、瑞典皇太子和弗拉基米尔大公殿下,恳请他们接受代表大会名誉成员资格。皮艾尔还邀请了参议院议员、前法国驻德国大使巴诺·德·库塞尔男爵担任主席。

很快,皮艾尔赢得了所有对这项工作的成功抱有强烈兴趣的朋友们的拥戴。他们计划举办一系列的节庆活动,以博得外国代表们的好感,赢得外国代表们的芳心,但又对这些代表们是否能如约而至感到心中没底。

春天已经带着丝丝暖意来了,可是皮艾尔等人却丝毫没有被春天的温暖感染,因为德国、瑞士和荷兰根本没有复信,其他一些国家的代表也找各种借口推脱会议,所以他们已经到了绝望的地步。

皮艾尔深知,法国的圆形剧场、巴黎歌剧院等许多气派的场地固然能够为大会增光添彩,但是与会者的广泛代表性才是大会的生命线。如果前来参会的国家寥寥无几,那么这次会议还不如不举办。

可是,皮艾尔等人既然已经决定召开大会,更何况大会的邀请函早已送到各国,不能轻易半途而废。所以,皮艾尔等人不得不再次向各国发出邀请函。

这次,有人提议发措辞、格式统一的信件,如需措辞格式不同,就聘用熟练的打字员赶打信函。但是,皮艾尔觉得不妥。因为这批组织者中他的声誉最高,与之有交往的外国朋友最多,而且他是法国体育运动联合会的会长,只有寄去他的亲笔信,才能显示出足够的尊重和诚意,争取更多的人到巴黎来。

因此,皮艾尔对要寄到各国的每封信都煞费苦心:如果曾经和他有过亲切交往的,在信中他便会谈到一些有意思的交往细节,唤起对方的记忆,口吻也要亲近些;如果之前没有过直接往来的,他便会对大会的介绍多一些,然后客气地邀请对方来巴黎做客,至少抽空给一个简短的回复;对于那些已经表示过不便前来的国家,他会再找出新的理由请对方再考虑。

就这样,皮艾尔既谨慎小心,又要将信函书写得流畅漂亮、易于辨认。由于时间紧迫,他连熬了整整两个通宵,每当思维迟钝了,他就喝一大杯浓咖啡提神醒脑。直到第三天早晨太阳升起时,如约前来取信的邮差轻轻敲门,他还在赶写最后一封信。

终于,一封封热情的邀请函陆续寄到了各国大会筹备处的办公室。终于,德国、瑞士和荷兰做了正面回应,还有其他国家也在回信中提出了很好的建议,遥远的澳大利亚也给大会送来了诚挚的祝愿。于是,愁眉紧锁的皮艾尔和工作伙伴们终于露出了难得的笑容。

1894 年 6 月 16 ~ 24 日,根据皮艾尔的建议,来自美国、英

国、俄国、瑞士、西班牙、意大利、比利时、荷兰和希腊等12个国家的49个体育组织的代表,参加了在巴黎索邦神学院举行的国际体育运动代表大会。

大会期间,又有21个国家的政府和体育组织寄来贺信。这次大会有200多人到会,其中2/3是特邀嘉宾。正式代表79人,代表了37个体育组织,其中有13个外国体育组织的20名代表。虽然人数不多,但已经具备了相对广泛的代表性,在当时算得上声势不凡。

开幕前一天,皮艾尔在《巴黎评论》杂志上发表题为《恢复奥林匹克运动会》的文章,对大会的成功充满信心。这是一次预备恢复与创立现代奥运会的会议,后来被定为首届奥林匹克代表大会。

大会组委会由英国人赫伯特、美国人斯隆和皮艾尔3人组成,皮艾尔是组委会主席和秘书长。大会推选法国著名参议员、法国前驻德国和比利时大使库塞尔为名誉主席,副主席为法国、英国、比利时、瑞典和匈牙利的代表。

法国著名的希腊文化研究专家莱拉赫在开幕式上发表了热情的演讲。皮艾尔也在发言中谈到了恢复奥林匹克运动的目的:

> 健全的民主制度,理性与和平的国际主义精神将渗透到未来的体育场,使其保持对荣誉和公众利益的坚定信仰,这些将使体育运动成为促进心灵美好、国际和平,同时也是健康的个人生活的共同事业。

皮艾尔还为大会起草了一份议程,包括业余主义和职业化、恢复奥林匹克运动会和代表大会原则。大会分成2个分会场,议程中的3个大问题分解为8个部分,代表们自愿分组探讨。后来又增加了2个议题:奥运会参加者应具备的条件、比赛项目以及确定届数和届期;成立一个国际委员会来负责恢复工作。

经过几天热烈的讨论,代表们的意见逐渐取得了一致。大会规定:

> 恢复后的奥运会,参加者必须是业余运动员,以保持体育运动的纯洁性;比赛项目有田径、游泳、划船、帆船、击剑、摔跤、拳击、马术、射击、体操和一些球类运动;奥运会遵循古代奥运会闰年召开的惯例,每4年举行一届,这个周期即"奥林匹亚德"周期。

皮艾尔还解释说:

> 奥运会的庆祝和竞赛活动必须按照天体运行的节奏举行。因为奥运会是庆祝4年一度的人类体育盛会的组成部分,纪念人类一代又一代的生存繁衍,所以必须严格地按照这种节奏进行。今天和古时候一样,意外的情况可能会阻止我们召开4年一度的奥运会,但是各届奥运会的顺序决不会改变。即使奥运会因故没有举办,也应把取消的届次算进去。

就这样,第一届奥运会的举办时间确定为两年后的1896

年,那是最近的一个闰年。皮艾尔提议,第一届奥运会由巴黎来主办,以后由各国城市轮流举办。法国的体育组织非常支持在本国创办第一届国际性的奥运会,外国代表也同意巴黎来挑这个头。

可是,希腊代表威凯拉兹在这时却提出了异议。他承认巴黎的各种条件比希腊首都雅典要好得多,但是在由谁来首先主办国际性的奥运会上,雅典显然比巴黎更优越、更有号召力。

因为希腊是古奥运会的故乡,而且在最近 30 多年里举办过 5 届泛希腊的奥运会,经验比哪个国家都丰富。奥运会在希腊的群众基础更深厚、更广泛,在希腊恢复和举行首届国际奥运会影响更大。

皮艾尔对威凯拉兹的提议颇感意外。因为他之所以会发起组织国际性、现代化的奥运会,就是鉴于希腊人没有这样的意愿。而且希腊人近几十年举办的几届奥运会,很大程度上只是为了纪念和继承古代奥运会的光荣传统。

威凯拉兹是侨居在巴黎的希腊诗人、翻译家。他交游甚广,能说会道,颇具亲和力,于是他对皮艾尔和各国代表们进行了有力的游说。后来,有人觉得他的提议很有道理,因此支持者越来越多。皮艾尔最后接受了大多数代表的意见:由希腊的首都雅典来主办 1896 年的第一届奥运会,巴黎接办 1900 年第二届奥运会。

后来,各国代表们都推举皮艾尔担任即将成立的国际奥林匹克委员会的主席。但是为了推动雅典奥运会成功召开,皮艾尔建议,由威凯拉兹担任第一届国际奥委会的主席。但是,威凯拉兹缺乏领导社团、组织大型社会活动的经验,因此他连忙推辞。

于是皮艾尔向他保证,他只需坚持到雅典奥运会结束就可以卸任,并且这两年间的国际协调工作和总部的日常事务都由皮艾尔负责,这才打消了威凯拉兹的畏难情绪,同意出任第一届主席。

6月23日,各国代表们一致通过了成立国际奥林匹克委员会的决议,并从79名正式代表中确定14人为第一届国际奥委会委员,皮艾尔当选为国际奥委会的秘书长,希腊委员威凯拉兹担任主席,主持第一届雅典奥运会的筹备工作。

就这样,6月23日被确定为国际奥林匹克运动日,1894年也被视为现代国际奥林匹克运动复兴的起始之年。当时,距离古代奥运会被罗马皇帝强行取缔的公元394年,已经整整过去了1500年。

创立“逆向代表制”

1894年6月23日,经过皮艾尔和众人的共同努力,国际奥林匹克委员会终于成立了。它的成立,标志着现代奥林匹克运动掀开了新的篇章。

皮艾尔在大会总结性发言中满怀信心地宣告:

奥运会是一个伟大的象征……1894 这一年,在巴黎这个全世界忧喜与共、堪称世界神经中枢的城市,我们能够使国际体育运动的代表们聚集在一起,一致投票赞成恢复已有 2000 多年之久、至今仍像以往一样激动人心的伟大的运动传统。今晚,电波会把我们团结一心的消息传至四方,古希腊奥林匹克的光荣在经历 15 个世纪的黯然失色后又将重返世界!

国际奥林匹克委员会简称国际奥委会,是奥林匹克运动的最高权力机构,是个国际性的、非政府的、非营利的组织。后来,它于 1981 年 9 月 17 日得到了瑞士联邦议会的承认,确认其为无限期存在的具有法人资格的协会,并将总部设在有"国际文化城"之称的瑞士洛桑。

国际奥委会于 1894 年 6 月 23 日成立时的名称是"奥林匹克运动会国际委员会",当时的主要任务是确保奥运会的定期举办;使奥运会保持崇高的目标;引导竞技运动向正确的方向发展。

多年以后,随着奥林匹克运动的发展,国际奥委会的任务也日益繁重,具体任务是:促进体育运动和运动竞赛的协调、组织和发展;与官方的或民间的主管组织和当局合作,努力使体育运动为人类服务;保证奥运会正常举行,反对危害奥林匹克运动的任何歧视,支持和促进体育道德的发扬;努力在运动中普遍贯彻公平竞赛的精神,清除暴力行为,领导开展反对体育运动中使用兴奋剂的斗争;采取旨在防止危及运动员健康的措施;反对将体育运动和运动员滥用于任何政治的和商业的目的;努力使奥运会在确保环境的条件下举行,支持其他致力于奥林匹克教育的机构。

国际奥委会享有对奥运会的全部权力,包括对奥运会的组织、开发、广播电视的复制权力;有关奥林匹克标志、奥林匹克旗、奥林匹克格言和奥林匹克会歌的一切权力,也完全属于国际奥委会。

国际奥委会有权撤销对国际单项体育联合会的承认,从奥运会比赛项目中撤销运动大项、分项或小项;有权取消对国家奥委会的承认,甚至有权取消奥运会组委会承办奥运会的权力。

不仅如此,国际奥委会还具有对一切参与奥运会的违章人员,从运动员、裁判员,到代表团官员、管理人员进行处分的权力。当然,国际奥委会需要依据《奥林匹克宪章》来行使自己的权力。

根据《奥林匹克宪章》,国际奥委会主席须在国际奥委会全会上以无记名投票方式从委员中产生。主席任期为8年,可连选连任,连任每届任期为4年。

在国际奥委会成立之初,为了体现奥林匹克运动的国际性,皮艾尔曾提出主席轮流担任制,即国际奥委会主席由下届奥运会举办国的委员担任,4年一轮换。

在1900年巴黎奥运会结束时,皮艾尔想要将他的主席职位移交给下届奥运会举办国美国的委员斯隆。但不少委员却认为频繁更换主席不利于奥林匹克运动的发展,坚持要皮艾尔留任。

于是,连任制因之而固定下来。皮艾尔在任国际奥委会主

席长达 29 年的任期内,殚精竭虑,对奥林匹克运动的生存、发展与创新做出了一系列重大贡献。

"逆向代表制"是国际奥委会实行的一种特殊的制度。它是指国际奥委会委员不是一个国家或地区在国际奥委会的代表,而是国际奥委会在该国或地区的代表,因此,国际奥委会委员是由国际奥委会自己推选,而不是由各个国家和地区委派的。

国际奥委会委员是国际奥委会从它认为合格的人员中挑选出来的,任何政府和组织无权撤换这些委员。这是为保证各个国家或地区的奥委会在领导奥林匹克运动中的独立地位而采取的独特的组织制度。

"逆向代表制"的创立者正是皮艾尔。他认为国际奥委会应是独立的、国际性的、拥有最高权力和能自我吸收新成员的团体,不受任何意识形态、政治、经济的干预而独立自主地实施奥林匹克理想。

为了不受上述因素的影响,国际奥委会的"逆向代表制"规定:其委员不由各国、地区委派,而由国际奥委会自行选任,国际奥委会委员在所在国、地区是代表国际奥委会工作,而不是代表本国或地区的政府工作。

尽管奥林匹克运动发展过程中无不受到政治、经济、意识形态的影响,但事实证明,国际奥委会之所以在百余年来能够在复杂的国际环境中保持独立性,并不断壮大,"逆向代表制"起到了重要作用。

国际奥委会是一个非营利的组织,委员们都是不领报酬的志愿工作者,他们都是自己掏腰包支付差旅费等各种费用,这就需要委员们具有宽裕的私人财力。因此,首届和早期当选的国际奥委会委员基本上都是家境比较殷实的富贵人家。

因为只有具备足够财力的人才有实力和时间在体育组织工作中施展他们的才能,确立其领导者的地位。皮艾尔是这样,其他委员也是如此。这种状况反映的社会现实是,体育运动在很大程度上还只是一部分上层人士的"专利",还远远达不到普及的程度。

刚诞生的国际奥委会连办公场地都没有,于是,皮艾尔将自己家在巴黎郊外一座三层楼的古堡式宅邸的一些房间,连同陈设、用品无偿地提供出来,作为国际奥委会的总部,又捐助了一笔钱作为办公与联络费用。后来,只要国际奥委会有急需,皮艾尔都会捐助、垫支,他因此还被委员们戏称为"我们的银行""亲爱的钱袋"。

6月24日,在巴黎国家歌剧院合唱团庄严、雄浑的古希腊颂歌《阿波罗颂》中,国际体育运动代表大会宣告落幕。这次代表大会后来被追认为第一届奥林匹克代表大会。正是这次大会的胜利召开和取得的共识,奠定了国际奥林匹克运动的坚实基础,成了复兴古奥运会的标志、现代奥运会起步的历史里程碑。

大会后,皮艾尔和诺丹把订婚的消息告诉了双方家人。诺丹的父母一直很赏识皮艾尔的才华和人品,为自己的女儿能和他缔结良缘喜出望外,衷心地为他俩祝福。

但是皮艾尔的双亲却大失所望,因为他们认为诺丹整个家

庭的家族地位、宗教信仰以及祖籍和皮艾尔完全不相匹配。幸好，皮艾尔想尽一切办法终于说服双亲接受了诺丹。就这样，他开始和诺丹商量婚礼的事宜，而这个贵族家庭也终于接受了他们的婚姻。

遭到雅典政府的拒绝

雅典是希腊共和国的首都，位于巴尔干半岛东部的阿提卡半岛上。它是古希腊文明发祥地之一，也是欧洲文明的发源地之一，历来是希腊的政治、经济、文化中心，在这块土地上曾孕育了许多世界闻名的哲学家、历史学家、雕塑家和文学家。

雅典历史悠久，曾是古希腊教育和体育最发达的一个大城邦。雅典教育注重培养国家公民的身心和谐发展，非常重视身体的健美匀称。它甚至对世界体育的发展都产生了深远的影响，为人类留下了宝贵的文化遗产。

1894 年，国际奥委会第一任主席威凯拉兹迅速将举办奥运会这一喜讯带回祖国后，雅典甚至整个希腊都沸腾了。正如后来威凯拉兹给皮艾尔的信中所说：

> 当时，从布林迪西到雅典，我的同胞都在兴高采烈地谈论着奥运会。

但是，这只是来自民间群众的热情。当他见过希腊首相德里库匹兹后,深切感到政府的反应相当冷淡,因此洋溢在脸上的喜悦之情也随之荡然无存。

希腊首相德里库匹兹是一位思想开明的政治家,他完全懂得向世界各国推广希腊奥运会的政治意义,他十分清楚举办国际奥运会对首都甚至整个希腊来说是多么宝贵的商机,也受到大多数希腊人的衷心欢迎。但是,当前的希腊根本没有能力举办盛大的世界性综合运动会。

到1830年,虽然距离希腊摆脱土耳其数百年的统治已过去60多年,但是希腊的经济重建依然举步维艰,人民生活更是非常困难。由于当年争取独立的战争经费,有很大部分是希腊向外国银行、财团和私人贷款筹来的。因此,独立后偿还国外债务,成了希腊政府和人民长期沉重的负担,以至于经济建设长久难以开展。

在世纪末,希腊成了全欧洲最落后的国家,经济萧条,外债累累。就在1893年,希腊的经济几乎进入全面崩溃的阶段。所以作为首相,德里库匹兹当然不能同意耗费国力去举办大型国际奥运会。

首相并没有认为威凯拉兹是一时的头脑发热,他也没有责难威凯拉兹,反而还对威凯拉兹的爱国热忱和外交才干加以表扬。但是,他对威凯拉兹坦白了当前国家财力薄弱状态,使威凯拉兹明白了不能举办国际奥运会的原因。德里库匹兹的坦诚和无奈使威凯拉兹产生了深深的自责。

德里库匹兹首相还告诉威凯拉兹,不仅他本人难以同意举

办国际奥运会,还有许多部长也都不赞同。鉴于希腊政府的财政十分困难,首相希望两年后再酌情举办奥运会。

威凯拉兹对首相的困境表示非常理解,他答应首相会尽快和国际奥委会的同事们进行研究。就这样,威凯拉兹当天夜里便给皮艾尔写了一封长信,转述了他与首相的会谈结果。

皮艾尔接到威凯拉兹的长信后,心情沉重。之前他就对希腊能否主办好第一届现代奥运会感到十分担忧,而现在的形势却比他估计的还要严重。威凯拉兹还在信中说,如果希腊政府日后表态,对推迟主办奥运会仍然没有十足把握,是否仍然考虑由巴黎来主办?

皮艾尔马上给威凯拉兹回信:

自从您在大会上提出首先由雅典来举办第一届现代国际奥林匹克运动会,我和委员们都认识到您的提议是正确的。巴黎虽然比雅典的条件好,但是法国民众对古代奥运会的认识与感受是无法与希腊人民相比的。

如果在巴黎举办,运动会与古代奥运会的精神联系必然大大减少,我们的新事业将因为缺少了奥林匹亚母乳的滋养而难以健壮成长。

请您相信,我和别的委员们决不会借此改变主办城市,我们唯一需要考虑的,只是如何协助您和希腊政府、人民成功地衔接古代奥运会的伟大传统,给现代希腊增添新的光荣。

皮艾尔没有接受雅典奥运会缓办的建议,他知道,"缓办"可能是"不办"的前奏。威凯拉兹收到皮艾尔的回信后大受鼓舞,他在电报里与皮艾尔和所有委员共勉:

> 不看见奥运会开幕,决不轻言放弃!

后来,希腊政府在 10 月间又发表了公开声明,以国家预算困难为由,拒绝承办国际奥运会。皮艾尔在得知希腊的公开声明后,心急如焚。他立即将能够赶来的各国奥委会成员召集到巴黎,在国际奥委会总部也就是皮艾尔男爵的府邸紧急商量对策。

当各国委员们来到皮艾尔的府邸时,座位前面早都放好了希腊政府的公开声明,皮艾尔和诺丹已经把声明翻译成几种主要的欧洲语言发给每个人。

在商讨的时候,有人说,既然希腊政府已经坚决、明确地表态不肯承办奥运会,如果一再坚持就是强人所难了。与其再和希腊人耗费时间和精力,不如考虑别的欧洲城市。这种意见得到了几个委员的赞同。

有人担心地说:"让我们现实地想一想,我们能在希腊政府根本不同意的情况下,在雅典或别的希腊城市举办奥运会吗?单是我们的运动会涉及古奥运会的名义就会发生大问题。"

还有人提醒说:"希腊海关未经政府允许,不可能让参赛的外国运动员签证入境。就算以游客的身份进去,比赛结束后能否顺利出境,也很难说。"

也有人提出,是不是可以建议希腊政府将主办时间延至世纪之交,巴黎奥运会同样也顺延到1904年。一些委员又就这种可能性探讨了一番,最后还是没有得出结论。

……

就这样,会议渐渐变成了马拉松式的漫谈,气氛也慢慢开始懈怠了。主持会议的皮艾尔一直没怎么说话,他手里倒腾着一支削尖了的长铅笔,目光如炬,嘴巴上朝两端飞扬外翘的浓密的八字胡不时地轻轻抽动。

他在认真地倾听同事们各抒己见。他感到大家的思维焦点被分散了,这样下去只会被困难局面牵着鼻子走,渐渐偏离了复兴奥林匹克运动的方向。于是,在长长的冷场后,委员们的目光不约而同地投向这位奥林匹克复兴运动的灵魂人物,希望他尽快做出决断。

皮艾尔向大家点了点头,沉吟片刻后,终于开了口:

和各位一样,我并没有什么简单而且完美的方案。

由于我们所竭力促进的运动会与希腊人民的特殊渊源,决定了为绕过障碍而易地举行的运动会,所收获的将不是我们所期待的。形象地说,我们是在决定如果摘橄榄很困难,是否就改要葡萄?我认为我们仍然应该坚持要橄榄林,不要葡萄园。奥运会今后要轮流在各个国家举行,我们应该估计到,以后在别的国家也会遇到其他问题。如果它们都是不可克服的,那就根本不要想在世界各国把我们的事业进行下去了。

（这时，仆人走到房间门口，想提醒主人和贵宾们已经到了进餐时间，看见皮艾尔男爵正在严肃地讲话，客人们正襟危坐、洗耳恭听的情形，仆人欲言又止，然后默默地走开了。）

我想提醒大家注意，希腊政府只强调了财政紧张这个客观困难。在别的欧洲国家，比如法国，可能会提出一大堆似是而非的理由来。换句话说，希腊政府如果不是捉襟见肘，他们是愿意主办的。毕竟这是全世界，至少是文明世界对希腊历史传统表达的崇高敬意，他们不会不在意这么一个向世界各国展示希腊的伟大与骄傲的宝贵机会。而且这是比那些军事强国依赖流血战争征服别人更文明、更进步的，发自人们内心的服膺。这种民族自豪感是比充裕的国库、良好的场地条件更本质、内在的精神发动机。诚然，希腊政府面临的困难是铁的而不是海绵的。谁都没有三头六臂，凭空变出足够的资金来。希腊人和同情他们的欧洲人曾经依靠外国贷款和无偿援助打败统治他们的土耳其人，现在当然不能简单地照搬历史，但是历史也提示我们，通往罗马的路不止一条……

皮艾尔的分析开阔了大家的视野，因此讨论又活跃起来。就这样，会议一直开到了半夜，饥肠辘辘的委员们这时才想起忘了进晚餐，于是吩咐仆人准备开饭。最后，大家建议皮艾尔尽快去雅典，直接向希腊政府和王室做恳切的说服，尽最大的努力，争取在雅典按期举办新的国际奥运会。

前往希腊拜见首相

1894 年 10 月底，皮艾尔毅然丢下与未婚妻正在筹办中的婚礼，匆匆踏上了前往希腊的征程。他先从巴黎乘火车到马赛，再从马赛港乘船赶赴希腊。

到达希腊后，在等待威凯拉兹安排拜会首相的空闲里，皮艾尔根本无心游览雅典的名胜古迹，他独自一人来到雅典北郊的帕拉特莱科仿古运动场考察场地条件。

这个运动场由希腊富翁札巴斯捐出全部财产仿照古代运动场风格兴建，几届泛希腊奥运会都是在这里举行。但是如果在这里举办大型的国际奥运会，场地就显得十分狭小了，而且这里交通不便，许多基本设施不是没有，就是陈旧不堪。

皮艾尔看着眼前这个废弃的运动场，心底的凉意油然而起，他似乎对希腊首相的困窘有了切身的体会。但是他仍然抱着期待，希望自己可以说服德里库匹兹。但是，皮艾尔这次的雅典之行非常不顺利。首先是他与首相的会谈由于经费问题不欢而散。

德里库匹兹首相见到皮艾尔后立刻开门见山地说："希腊不具备足够的经费呀！一个国家如果正背负着巨债还在为一些毫无意义的事情而开销，外国人会怎么看呢？"

"这是毫无意义的开支吗？"皮艾尔质疑地说，"所有的场地设备都留给雅典人，留给年轻的一代。所有的花费也都是为雅典人、为各国运动员花的,难道算是多吗?"

"好好研究一下我们的资源和奥运会的价值吧。你终究会相信,这种想法对我们来说是不可能的。"德里库匹兹最后固执地说。

就这样,这次与首相会谈陷入了僵局。紧接着皮艾尔又遭到自己人的严厉呵斥。法国驻雅典使馆代办摩鲁阿先生得知此事后,慌忙找到皮艾尔,毫不客气地说:"你惹出了严重的政治危机。在野党领袖杰利扬尼斯主张办奥运会,首相德里库匹兹对此大不以为然,事情牵涉到他的职位,报界为此分成两大派,雅典人民都在议论奥运会。"

原来,当时雅典的在野党是赞成按期召开奥运会的,首相的抵触情绪,不仅遭到反对派的指责,也引起了市民的不满,皮艾尔的到来加速了这场政治危机的爆发。经济问题没解决,政治问题又接踵而至,简直是火上浇油。

然而,皮艾尔却是个意志顽强的人,他并未因此而灰心丧气和悲观失望。他在给一家报刊的信中说,在法国人的字典中没有"不能"二字。

就在希腊拒绝主办奥运会而令皮艾尔进退两难之时,匈牙利开始乘虚而入了。离开巴黎前,皮艾尔曾收到国际奥委会委员、匈牙利人凯美尼的一封来信。凯美尼称如果希腊无力承办,匈牙利乐意接管这次比赛,以此作为匈牙利建国1000周年的纪念活动。

在希腊举行国际奥运会,是皮艾尔复兴奥林匹克运动、使奥

运会国际化的奋斗目标,而如果改成在匈牙利举办,那么则与他的理想相差太远,因此皮艾尔无法接受凯美尼的建议。但是为了实现自己的理想,他并没有立刻回复凯美尼,而是采取双管齐下的变通的外交策略。

皮艾尔一方面通过外交途径向匈牙利政府建议,利用匈牙利建国千年庆典承办第一届奥运会,以防万一无人主办而使多年的努力付诸东流;另一方面,他又通过希腊国王和反对党,向希腊政府施加压力,促使其改变立场。

尽管奥林匹克运动的先驱者们力图摆脱政治的困扰,但是奥林匹克运动在由理想走向现实的过程中,还是不可避免地陷入了政治的漩涡。

从筹备第一届奥运会开始,德国与法国这两大对立的政治集团就明争暗斗。当初德国政府为了扩大自己的影响,曾经花费巨资发掘奥林匹亚,如今法国直接参与创立了国际奥委会,德国自然心存不满,耿耿于怀。因此,在围绕应否参加奥运会的问题上,德国体育组织内部争吵不休,德国报界也支持反对皮艾尔的活动。

此时,匈牙利出于政治上的原因而不愿得罪德国。因此,在办不办奥运会的问题上出现了摇摆和犹豫。

其实,皮艾尔向匈牙利政府提出此建议只是作为对希腊政府施加压力的策略。匈牙利的退缩,正中皮艾尔下怀,他开始转忧为喜,积极奔走于希腊政府与反对党之间。

最后,皮艾尔把摆脱政治经济困扰的希望寄托于希腊王储身上。当时正值希腊国王乔治一世出访俄国圣彼得堡未归，于是他抱着一线希望求助于希腊王储。

希腊王储时年26岁，英俊潇洒，学识丰富，自幼就热爱运动的他，体魄强健，皮肤晒成了令人羡慕的古铜色。皮艾尔在拜访中并没有急于说服王储，学识渊博的他以闲聊的方式谈起了自己的童年。

皮艾尔谈到了诺曼底的摩威尔庄园，那里是他快乐无比的运动天堂，他还历数了自己酷爱和擅长的运动；他还谈到中学时代在修辞学的引导下钻研历史，发现了伟大的古希腊，古希腊的神话、历史，尤其是奥林匹克运动会的辉煌往昔，都令他精神震撼，心驰神往；他谈到多年前德国考古学家对奥林匹亚遗址的发掘进展；他谈到了4年前首次访问希腊，亲临奥林匹亚古运动场遗址时的激动心情。

皮艾尔对自己发起复兴奥运会的艰难历程一笔带过，却详细地描述了威凯拉兹为希腊争取主办权所表现的爱国热忱与出众的口才，转而又谈到了英国大诗人拜伦，对拜伦早年难忘的希腊之旅，后来义无反顾地来到希腊前线，为希腊独立英勇捐躯的史实如数家珍，娓娓道来。他还满怀深情地吟诵起拜伦感人的诗篇《雅典的少女》《哀希腊》等。

就这样，皮艾尔对希腊历史的熟悉，对希腊文化的理解和热爱深深地感动了王储。虽然预定的见面时间早已超过，但是两人谈兴不减。

王储被皮艾尔的博学、热情以及对体育事业的执着精神所

感染,后来他还邀请皮艾尔在王宫里共进晚餐,席间他们仍然侃侃而谈。最后,王储答应尽一切努力,让奥运会在故乡如期召开,还同意出任雅典奥运会组织委员会的名誉主席。

皮艾尔内心得到了最大的鼓舞,于是他再接再厉,利用一切紧迫的时间拜访了社会名流,走访了新闻界,并发表了《当代体育与奥林匹克》的演说。就这样,支持奥运会在希腊举办的队伍在日益壮大。当皮艾尔动身回国时,希腊国内又出现了迎接奥运会的热潮。

1895年3月12日,32岁的皮艾尔与34岁的玛丽·诺丹终于在巴黎举行了拖延已久的婚礼。婚礼上皮艾尔喜气洋洋,谈笑风生。出席婚礼的嘉宾不仅祝福这对新人恩爱有加,还纷纷预祝"新郎的奥运会"圆满成功。

1895年4月,匈牙利政府文化部发表公开信,以"条件不具备,缺乏经验"为托词,婉言拒绝了承办奥运会。

皮艾尔收到消息终于松了一口气,而雅典奥运会的筹备工作在王储的努力和推动下,也终于有了起色。

新婚的幸福和雅典的好消息令皮艾尔满心快乐。在这个美好的春天,他一气呵成,写出了散文诗《体育颂》,愉悦的心情使诗篇洋溢着昂扬的精神和乐观的情绪。

悉心筹备雅典奥运会

希腊的库士坦丁王储接管筹备奥运会的一切工作后，首先让充满激情和活力的雅典前市长弗莱芒担任秘书长。希腊王储还向全国发出捐款的呼吁。他后来又任命了一个委员会，总部就设在他的宫中。

王储的筹备工作做得扎实细致。他不但亲自给那些对举办奥运会仍然持怀疑态度的人做思想工作，还组织了一批体育专家和有能力的人，按照巴黎会议确定的比赛内容成立了一些附属委员会，每个委员会具体负责研究一个专项。

这些专门委员会是航海委员会、射击委员会、竞技和体操运动委员会、击剑委员会、自行车委员会、草地网球和板球等项目比赛委员会。除此之外，还成立了另外3个专门委员会，一个负责希腊参赛运动员的准备；一个负责接待各国运动员和来访者；一个负责修缮雅典体育场。

库士坦丁王储宣布了各委员会的职责，并要求各委员会尽量提高办事效率。王储的一系列行为引起了首相德里库匹兹的强烈不满。然而，国王乔治一世回国后，也公开支持王储的做法，因此德里库匹兹处境两难，不得不辞去了首相职务并流亡他乡。

后来，在第一届奥运会召开之际，德里库匹兹在痛苦和压抑

中因病去世。一国的高级官员,因为奥运会主办问题的意见分歧而辞职,这在奥运史上是仅有的一次,这表明奥运会从一开始就是政治争斗的武器。

就在国际奥委会和希腊国家奥委会紧锣密鼓地筹备第一届奥运会的同时,又一个令人头痛的问题摆在组织者面前,那就是招募运动员。当时许多人对奥运会的举办表现出冷漠和不信任,甚至是敌意。

德国、法国和比利时的大部分体操协会也极度蔑视和厌恶英国的竞技运动,它们不仅自己拒绝来自雅典的邀请,还鼓动其他协会拒绝去雅典参赛。比利时的协会甚至还写信给其他协会,建议采取反对巴黎代表大会的一致立场。

这使得本来参赛态度不坚决的人们对奥运会更加悲观失望,因此他们以路途远、旅费贵等为借口,中止了雅典之行。德国报界还在关键时刻宣称,这届奥运会完全是法国人和希腊人的事,企图阻止其他国家参加。

多亏了德国奥委会的盖波哈尔德特博士、匈牙利的凯美尼、瑞典的巴尔科少校、俄国的布托夫斯基将军、美国的斯隆教授、英格兰的安普希尔勋爵和波希米亚的吉里·古特博士等人做了大量的解释和宣传工作,才使相当一部分人消除了疑虑。这些人均为国际奥委会的首届委员。

就这样,来自政府的阻力消除了,雅典奥运会的筹备工作也在有序地展开。为了筹集资金,希腊全国各地掀起了募捐运动,捐款主要来自伦敦、马塞和君士坦丁堡的一些富裕的希腊侨民。

为了筹集款项,希腊的女人们变卖项链、手镯,男人们节省香烟钱、买酒钱和乘汽车马车的路费,孩子们也纷纷拿出买玩具和糖果的零钱,老人们更是捧出了珍藏一辈子的祖传药方、老窖陈酒……

后来,经过希腊国民的一致努力,募集了一些资金,但仍然不够,因为组委会仍然缺乏完成射击场、自行车场、船坞等最后几个比赛场的资金。

于是,为了弥补资金不足,邮政部门在集邮协会领导人萨科拉弗斯的建议下,于1895年以古希腊奥林匹克运动竞技为题,发行了一套8种图案共12枚的奥林匹克纪念邮票,高于面值出售,萨科拉弗斯的这一举措获得了40万德拉马的收入。

这40万德拉马是一笔对保障奥运会正常举行具有决定性意义的资助。皮艾尔在多年以后回忆这次募捐时说道:

奥林匹克邮票一发行,举办奥运会就成了定局。

后来,人们将"邮票挽救了首届奥运会"一直作为佳话四处传颂。希腊的这套邮票,不仅解决了希腊举办奥运会的财政困窘局面,而且对这次盛会也确有纪念意义。

这套邮票选用了古希腊有关体育运动的艺术作品和古代奥运会的比赛项目做图案。雕塑家米隆的《掷铁饼者》、古希腊瓶画描绘的激烈的拳击、赛车场景,以及宏伟的竞技场、威严的宙斯神庙等作品都跃然纸上,邮票的边框装饰也都带有古希腊艺术色彩。邮票的选图向人们介绍了奥运会的悠久历史。

尽管邮票的收入使射击场、自行车场和船坞等几个场地的建设顺利开工，但是修建主体育场的资金仍然缺乏。于是，一些外国富翁主动提出捐款，但是希腊政府规定，为了维护希腊的民族尊严，一律不接受外国人的资助，但是可以接受海外希腊人的赞助。

后来，雅典筹委会向住在埃及亚历山大港的希腊富商乔治·阿维罗夫求助。阿维罗夫也慷慨地表示会承担主体育场的全部费用，他几次捐资，达到 100 万德拉马。筹委会利用这笔巨款，终于将雅典北郊的帕拉特莱科仿古体育场推倒重建。

新建成的主体育场呈马蹄形，是当时世界上最大的体育场。场内有 47 排环形座位，可以容纳 7 万多名观众。看台用大理石铺设，又称"大理石体育场"。

希腊又用剩余的资金建了几个项目的运动场，又新修了通往体育场的公路，沿途还安置了煤气灯、栽种了橄榄树等。就这样，阿维罗夫成了希腊家喻户晓的义士，为了纪念他的功绩，希腊政府在帕拉特莱科体育场入口处为他建了一座站立的塑像，打算在奥运会开幕前一天为塑像揭幕。

1895 年 8 月，帕拉特莱科主体育场动工后，希腊国家奥委会向各国体育组织寄出了邀请函：

> 遵照国际奥委会的指示，第一届奥林匹克运动会组织委员会荣幸地邀请贵国参加将于 1896 年 4 月 6～15 日在雅典举行的竞赛和庆祝活动。

这一年的 4 月 6 日是希腊历的 3 月 25 日,1821 年的这一天,希腊爆发了反抗土耳其统治的大规模起义,后来这一天成为了希腊的国庆日。

1895 年,中国清政府也收到了雅典奥组委的邀请函。但是,大清帝国当时正面临空前的国家危机,因为在甲午战争中战败,还被迫将台湾割让给了日本。因此昏庸无知的皇室要员们被内忧外患搞得焦头烂额,也不明白奥运会为何物,于是并没有对邀请函做出回复,更不曾组织国内人员选拔参赛。就这样,中国与刚起步的国际奥运会失之交臂了。

这时的皮艾尔正在为奥运会不停地忙碌着。他是一个很有主见的人,想法不断,不时有新点子涌上脑海,但真要采用,却要经过缜密的论证。他心地单纯,胸无城府,说话直来直去,有时得罪了人自己还不知道。但是如果他觉得别人的主意不错,也会由衷地赞赏、爽快地接受。

法国语言学家米歇尔·布里尔这期间写信给皮艾尔,提议在奥运会上设立一项公路长距离赛跑,以纪念著名的马拉松战役中名垂千古的传令兵菲迪皮茨。皮艾尔经过考虑后,采纳了布里尔的建议,因此他在奥运会中增设了这项比赛,定名为"马拉松跑"。

雅典奥运会前的那个冬春,皮艾尔更加繁忙。虽然总部就在他的家里,他却经常忙得顾不上和妻子诺丹同桌进餐。几乎每晚他房间里的灯光都要亮到后半夜,有时甚至会一直亮到东方发白。

　　皮艾尔就这样紧张地思索着奥运会的每一个环节,尽可能考虑到每种可能出现的意外,然后预先想出对应之策。就这样,他的一项项指示,协调着国际奥委会的意见,指导着雅典奥组委的各项组织工作。

第四章 举办奥运会

迎接雅典奥运会开幕

1896 年 4 月 6 日,第一届奥运会的熊熊圣火终于在希腊的雅典点燃了,永恒不熄的圣火照亮了整个热爱和平的天空。这是历届奥运会举行月份最早的一次。希腊之所以将开幕式选在这一天,是因为这一天正好是希腊反抗土耳其统治起义 75 周年的纪念日。

4 月 6 日下午 3 时,希腊国王乔治一世庄严宣布:

第一届国际奥林匹克运动会在雅典开幕!

乔治一世以东道主身份向各国来宾及选手表示热烈的欢迎,他真诚地说道:

祝愿奥运会的复兴能够促进希腊人民与世界各国人民的友谊;祝愿体育运动和它的道德观念有助于造就新的一代的希腊人,而无愧于他们的先辈!

国王还当场赞扬了皮艾尔为创办现代奥运会所做的努力和贡献。他对皮艾尔说:"所有这一切都是你的功劳!"

顿时,全场观众欢呼雀跃,掌声雷动,大家都共同向皮艾尔这位现代奥林匹克运动的创始人表示深深的敬意。这使坐在主席台上的皮艾尔激动不已。他的脸上洋溢着胜利的喜悦,历经

多年的挫折和坎坷,他的奥运梦想此刻终于变成了现实。

出席开幕式的希腊观众多达 8 万人,他们表现出了高涨的奥运热情,直到 1932 年,洛杉矶奥运会时观众的数量才突破这一数字。来自澳大利亚、奥地利、保加利亚、英国、匈牙利、德国、丹麦、美国、法国、智利、瑞士、瑞典和东道主希腊的 13 个国家的 311 名男运动员沐浴在神圣的奥运火焰中。希腊阵营最大,共 230 人,占总数的 2/3;德国、法国各 19 人;美国 14 人,居第四位。

国王致辞后鸣放礼炮,接着演唱会歌《萨马拉斯颂歌》。它由古代希腊诗人帕拉马斯作词,希腊当代作曲家萨马拉斯谱曲。萨马拉斯在开幕典礼上亲自指挥,9 支管弦乐队组成的交响乐团和 250 人参加的合唱团阵容庞大,演唱气势磅礴、庄严动人:

古代不朽之神,美丽、伟大而正直的圣洁之父。祈求降临尘世以彰显自己,让受人瞩目的英雄在大地苍穹之间,作为你荣耀的见证。

请照亮跑步、角力与投掷项目,这些全力以赴的崇高竞赛。把用橄榄枝编成的花冠赠给优胜者,塑造出钢铁般的躯干。

溪谷、山岳、海洋与你相映生辉,犹如色彩斑斓的岩石建成的神殿。这巨大的神殿,世界各地的人们都来膜拜。啊!永远不朽的古代之神。

《萨马拉斯颂歌》给大家留下了深刻、美妙的印象。但是仍有人认为这首歌并不是很理想,有些太希腊化。后来虽然不断有人修改它或另起炉灶,出现了好几首会歌,但是都不如这首会歌感动人。

1958 年,国际奥委会通过决议,将《萨马拉斯颂歌》确定为奥运会正式会歌,各届奥运会仍可同时使用新创作的本届会歌。就这样,伴随着优美的歌声,上千只象征着和平的白鸽飞向蓝天,在巨大的马蹄形体育场上空盘旋飞舞,场面十分壮丽。

鸽子是和平的象征,其典故来源于《圣经》:

> 据《圣经·创世纪》记载,上帝因看到人类犯下了太多的战争、屠杀、欺骗等罪恶,要降洪水把人类毁灭掉。
>
> 但是有一个叫诺亚的人,他心地善良,为人纯朴。上帝认为他不应遭此报应。于是,上帝命令诺亚造一只方舟,让他携带地上各种动物和他的全家一起上船避难。后来,滔滔的洪水果然卷走了人类一切邪恶的东西,只有诺亚全家安然无恙。
>
> 40 天后,诺亚放出一只乌鸦去打探地面的消息,可是这只乌鸦却一去不复返。诺亚又放出鸽子去探测洪水是否已退去,鸽子口衔一枝橄榄枝飞回,诺亚得知洪水已退去,已平安无事。后来人们便把鸽子当成是和平的象征。

现代奥运会问世以来,历届奥运会都有独具特色的会标,它们的设计都带有东道主的特色和独特的艺术风格,表现了东道主的文化传统。因此,会标被认为是宣传奥运会最有权威性的形象标志。

根据《奥林匹克宪章》规定,主办国负责制定本届奥运会会标。各主办国设计的会标,未经奥运会组委会同意,不得用于广告和为商业服务。这一规定保证了奥运会会标的严肃性和权威性。一般每届奥运会只有一个会标。

每一个会标,都是一幅精美的艺术作品,极具收藏价值和欣赏价值。首届奥运会上就出现了会标,这是一幅画家的作品,中央是希腊女神雅典娜,她手执野橄榄枝编织而成的花冠,背景是帕提农神庙和玛拉莫尔体育场。

会标的画面素雅宁静,再现了古希腊的风貌。背景与人物栩栩如生,上方有醒目的阿拉伯数字"776 ~ 1896"字样,使会标别具一格,寓意深远。以后,各届奥运会的会标,形式多种多样,含义也各有不同,但主题是体现奥林匹克运动的理想,宣扬奥林匹克精神。

这届奥运会的会标与奥林匹克宣传画是一致的,其形象具有招贴的特点。第二次世界大战后,奥运会商业色彩越来越浓,会标也从宣传画中脱离出来,设计趋于简洁抽象,蕴意深刻。

后来,冬季奥运会同样也设计了自己的会标。这些会标多以奥林匹克旗或举办国奥委会会旗为背景,并配以冬季景色或冬季项目图案,极具特色。

考察各种比赛项目

第一届雅典奥运会的比赛有田径、游泳、体操、击剑、举重、射击、自行车、古典式摔跤和网球9大项目。大会沿袭了古奥运会的规定，并没有设置女子项目和集体项目，所有运动员都是代表个人参赛。

皮艾尔夫妇除了陪伴王室成员观赏了几场希腊或法国运动员最擅长的比赛，他还挑选了一些比较薄弱的比赛项目现场观看。他和委员们分了工，目的是对各类比赛项目进行考察，因为他不仅要在运动会后做出总结，更要为4年后巴黎举办的第二届奥运会积累经验。

皮艾尔尽量抽出时间多跑一些场地，多看一些比赛，如果时间错不开，他就安排别人替自己去。整个奥运会期间，他的眼睛、两腿和大脑每天都高速运转，有时竟然比参加决赛的运动员还要紧张。

第一届雅典奥运会的古典式摔跤并没有按体重分级，因此小个头的选手吃了大亏。但是德国的小个子摔跤手舒曼面对高大魁梧的对手却毫不畏惧，他顽强拼搏，把所有比他重好几十斤的大块头都一一摔倒在脚下。

舒曼还获得了跳马、双杠和单杠冠军，是本届奥运会获得金牌最多的运动员。后来在招待宴会上，希腊国王特意走到他身

边向他祝贺,并笑着对他说:"在雅典,你比我更有名气。"

自行车赛共6个小项,其中5个安排在赛车场,另一项是公路赛,全程78公里。由于道路崎岖不平,又没有特制的赛车,因此自行车很容易损坏,选手在中途经常会频繁换车。

在100公里场地赛中,法国选手弗莱明一路领先,当他发现身后的希腊选手科列蒂斯的车坏了,便毫不犹豫地停下来帮他修车。虽然修车耽搁了不少时间,但是弗莱明仍凭借自己不俗的实力,超越修车时甩下他的对手们,以3小时零8分19秒的成绩夺得了冠军。整个100公里的场地赛中,只有他和名列亚军的科列蒂斯骑完了全程。

英国牛津大学的学生博兰德爱打草地网球,水平也很高。他本来是到雅典旅游的,幸运的是他在这里碰上了草地网球赛,于是便立刻报名参赛。最后,他获得了草地网球的单打冠军。他还和德国人特劳恩临时配对,赢得了双打冠军。

击剑比赛分花剑和佩剑,是巴黎国际体育大会唯一允许职业运动员参赛的项目,参赛人员分业余和职业两组。法国和希腊选手分别获得了业余组花剑和佩剑的冠军。职业赛只有花剑,最后是雅典击剑学校老板皮戈斯经过多轮激烈较量,摘得了桂冠。

最能体现古奥运会风貌的是田径比赛了。它的小项最多,共12项,参赛选手也是所有比赛项目中最多的。田径比赛有10个国家的运动员参加,因此田径场上较量最激烈,观众最踊跃,场面也最热烈。

在开幕式当天举行的三级跳远比赛中,美国哈佛大学古代语言专业一年级的学生詹姆斯·康诺利以 13.71 米的成绩获得冠军,成为本届奥运会的第一个冠军。

当初,詹姆斯·康诺利得知雅典即将举办奥运会的消息后,决定以自费旅游的方式参赛,结果却遭到作风保守的校方阻拦。校方还曾经威胁他说,如果他执意要去希腊参赛,学校将开除他的学籍。但是,康诺利仍然毅然地办理了退学后来到雅典。

康诺利获胜后,运动场上奏起了美国国歌,升起了美国国旗。后来奏国歌、升国旗成了奥运会诞生冠军后的惯例。康诺利还以 1.65 米的成绩获得了跳高亚军,并以 6.11 米获得了跳远第三名。

就在康诺利夺冠 2 小时后,美国普林斯顿大学的学生加勒特以 29.15 米的优异成绩夺得了掷铁饼的冠军。加勒特平时酷爱艺术和运动,当他听说雅典奥运会有掷铁饼项目时,还不知道这是怎样一种比赛。于是,他找人打听到掷铁饼的方法和比赛要求后,专门定做了和古奥运会尺寸分量差不多的铁饼,进行突击练习。

没想到来到雅典后,加勒特发现,比赛用的铁饼比他训练时用的铁饼要轻得多,投掷起来也更方便,因此对获胜就更加有了信心。随后,加勒特又以 11.22 米的成绩获得铅球比赛的冠军。

掷铁饼和推铅球是古代奥运会的热门项目,希腊人把这两项当成是传统国技,但是比赛时却让加勒特连连轻松夺冠,因此希腊人都感到十分懊丧。美国队在田径场上威风八面,获得了

大部分金牌,跳高和跳远包揽前3名,110米跨栏和撑竿跳高也囊括了前两名。

100米短跑决赛于4月10日举行。选手们起跑的姿势各种各样,有的直立,有的弯腰,有的半直立侧着身子。然而,美国选手托马斯·伯克却标新立异,采用了当时还没有人了解的蹲踞式。

托马斯·伯克首先在起跑线后用手刨了两个浅坑供蹬腿用,然后他两腿前后分开,双手手掌叉开抓着地面,臀部高高抬起。他古怪难看的姿势引起现场观众的惊奇和哄笑,有人大声说:"快看呀,他在学饿狗扑食!"

然而起跑后,伯克就像一阵狂风,让所有人都看傻了眼,他最后以12秒整的成绩轻松获得了短跑冠军。这是伯克继400米跑取胜后的再次夺冠。此前的100米预赛中他跑出了11.8秒,这是男子百米的第一个奥运会纪录。

其实,伯克的蹲踞式是一个美国教练创造的。那个教练1887年在澳大利亚旅游,他注意到袋鼠跑步前的特别姿势后,受到了启发,于是他把这个姿势也运用到了运动员身上。伯克的成功使人们意识到先进的起跑方法对获胜的重要性。就这样,蹲踞式短跑姿势被逐渐推广开了。

尽管田径赛场上的大多数荣誉都被美国人摘得,人们的热情也跟随美国运动员的比赛跌宕起伏。但是,雅典奥运会最热烈、最轰动的比赛场面还是在马拉松赛场。

马拉松与雅典的情缘由来已久。公元前490年,波斯皇帝大流士对希腊发动了侵略战争,大流士先派使臣到希腊各城邦索取"土"和"水",还要这些城邦的居民无条件投降。但是,波斯皇帝大流士的无耻要求遭到希腊人民的严词拒绝,他们还将大流士派来的使臣投入井中淹死了。

于是,大流士大怒,立刻派遣大军沿海路远征希腊,他要报仇雪恨。就这样,历史上著名的希波战争爆发了。波斯帝国派出了10万大军入侵希腊。

雅典成了波斯侵略军的第一个袭击目标。于是,雅典军队在外无援军的处境下,在马拉松平原与波斯军展开决战。最后,雅典军队同仇敌忾,团结一心,以1万多人的兵力英勇奋战,以少胜多,大败波斯军。

后来,担任传令兵的菲迪皮茨奉命从马拉松河谷跑到雅典,向祖国人民报告这一胜利的喜讯。然而,当他到达雅典后只说了一句"我们胜利了!"就因精疲力竭而倒地身亡。

多年以后,法国语言学家米歇尔·布里尔非常钦佩马拉松战役中的这位传奇式的英雄,他写信给国际奥委会秘书长皮艾尔,建议在奥运会田径赛中专门增设一项马拉松赛,并表示自己愿捐献一个"布里尔银杯"作为对冠军的奖赏。于是,皮艾尔很快就答应了米歇尔·布里尔的请求。

雅典的马拉松赛的路线,就是昔日菲迪皮茨跑过的路线,全程40多公里。虽然希腊选手自奥运会开赛以来,屡遭失败,还未拿到一项冠军,但是,他们对自己钟情的马拉松却寄予了厚望。参加马拉松赛的有4个国家的17名运动员,当时雅典的人口有

13.5 人,而观看这次马拉松比赛的就高达 10 万人。

当时运动员对如此长距离的赛跑还不曾系统地训练过,这无疑是对运动员体能、毅力与经验的多重考验。比赛时,沿途一些热情的观众纷纷向这些运动员送水、送酒。

醇香的美酒使不少运动员头重脚轻、飘飘欲仙以至于最后未能到达终点。其中,法国运动员列尔米捷、曾获得过 800 米和 1500 米两项冠军的澳大利亚选手弗拉克全都因为醉酒败下阵来,成了奥运会的一件趣闻。

尽管还有一些头脑清醒、四肢矫健的运动员奋起直追,但是他们不是由于经验不足,就是因为一开始跑得太快,半路上没有了力气而与成功失之交臂。最后,希腊人斯皮里东·路易斯从所有人中脱颖而出,跑在了最前面。

24 岁的路易斯是一名乡村邮递员,他入伍当过兵,受过军队特有的训练,再加上长期的乡邮生涯,使他练就了过人的腿力和超人的耐力。在开始阶段路易斯处于劣势,后来他奋起直追,终于第一个冲入运动场。

看见是自己国家的人即将赢得冠军,所有希腊人都欢呼雀跃,全场掌声雷动。担任大会总裁判的希腊王储库士坦丁也情不自禁地陪着路易斯跑向终点,国王乔治一世也走下观礼台,等待迎接这位凯旋的英雄。

最后,路易斯以 2 小时 58 分 50 秒的成绩,获得现代奥运史上第一个马拉松冠军,也是世界上第一个马拉松冠军。他比第二名快了 7 分 13 秒。

到达终点后的路易斯被众人簇拥着,尽情享受着胜利的欢愉。一位王室成员把 2.5 万德拉马的巨款塞在了路易斯的手里;另一个王室成员也从自己手腕上取下金灿灿的金表送给这位伟大的奥运会冠军;一位饭店经理宣称要免费供应路易斯的食宿;一位理发师愿为他终生免费理发;著名裁缝要免费为他定做上好的服装……

路易斯获得了希腊民族英雄的光荣称号,他被称为"奥林匹克之魂"。但是生性纯洁朴实的路易斯并没有接受高官厚禄的殊荣,他又回到了偏僻的家乡,当了一名乡村邮递员,和妻子一起过着清贫的生活。

一直奉行业余原则的皮艾尔,后来写文章赞扬路易斯说:

> 这个希腊农民极强的荣誉感,从巨大的危险中挽救了业余精神。

后来,在 1936 年的柏林奥运会上,64 岁的路易斯作为特邀贵宾观看了比赛。1940 年 3 月 26 日,路易斯去世了,人们为了纪念他,在他的墓前竖立了大理石碑,并于上面刻下了奥林匹克五环的标志,以示崇敬。

尽管奥运会规定选手们都是代表个人参赛,各个国家的人们仍然看重运动员所代表的祖国的体育荣誉,因此还要统计和比较各国的团体名次。本次奥运会上,美国共获得 11 枚金牌、7 枚银牌和 1 枚铜牌;东道主希腊紧随其后,金、银、铜牌数分别为 10 枚、19 枚、17 枚;德国名列第三;法国在自行车和摔跤项目中

成绩突出；匈牙利游泳项目表现出色；美国和德国分别在田径和体操项目上占据绝对优势。

由于希腊人觉得金子太过俗气，因此只铸造了银牌和铜牌，授予每个项目的冠亚军。冠军获得银牌和采摘自奥林匹亚圣地的橄榄枝环，亚军则获得铜牌和月桂花冠，每位获奖者还可以得到一份荣誉证书。后来为了统计方便，这届奥运会的奖牌仍按金、银、铜牌称呼，每个项目的第三名也补算在内。

1896年4月15日，雅典奥运会终于宣告闭幕。希腊国王乔治一世向获奖运动员一一颁发了奖品。运动员们按古奥运会传统，绕场一周向观众致意，路易斯高举希腊国旗，走在本国运动员队伍的最前面。就这样，雅典奥运会终于没有辜负皮艾尔的期望，圆满落幕了。

遭受家庭方面的打击

这次奥运会的盛况，技术上的困难和瑕疵，观众的热情，反对者的阴谋诡计，我的早期合作者的灰心丧气，最后还有国王提出的由希腊垄断复兴的奥林匹克主义的倡议，种种曲折我都做了介绍……对于最后一点，要不是我切实认识到这样一个计划是没有可行性的，是注定要失败的，我本会欣然接受。

无论从哪个角度上看，雅典都没有资金四年复四年地承担这一重任,因为合作人员以及经济来源的定期更新都是必要的。可是,一个沸腾的舆论、一个突然面对反映最辉煌的昔日景象的人民,又怎么能听到理智的声音啊!

整个希腊都在为眼前的景象激动得颤抖,一种精神的动员正在进行中。就连当时因一条痛苦的疆界而被迫与祖国分离的圣山的修士们,不也为奥运会的举行捐出了善款吗?奥运会的恢复,在国外的许多人看来,无非又多了一场多彩多姿的游艺会而已,但是在希腊,它却是给希腊人的精神注入了一针强大的兴奋剂。

奥运会的影响如此之大,以至于一年后为解放克里特岛而爆发希土战争的时候,有人指控说,奥运会大大助长了战争,充当了掩人耳目的屏障,掩护了旅居国外的希腊侨民聚集雅典,密谋战争。这些指控自是不实之词。至多可以说,奥运会的活动略略加速了靠自身力量推动的事物的发展进程。

克里特岛人并不是第一次为求解放揭竿而起,他们的事业具有正义所赋予的全部力量。虽然希腊军队这次遭到失败,但是克里特岛的形势还是有所改观,这为它后来的完全自治以及回归希腊做了充足的准备。

但无论怎么说,这些政治后果并不会使欧洲国家的政府更重视革新的奥林匹克主义。国际奥委会,特别是我本人,处处受到牵制,殊难发挥作用。

第二届奥运会的举办尚无着落。我的合作者们无所适

从。对"轮流"举办奥运会的计划,希腊舆论群起而攻之……
我比以前更加孤立无援。比起我准备 1894 年代表大会的
那个时期,我更是只能依靠自己。

这是皮艾尔在许多年以后,回忆起第一届雅典奥运会后所
出现的问题时说的话。原来,雅典奥运会结束后,人们为了今后
奥运会举办地点的问题,展开了激烈的争执。

当时 1894 年的巴黎国际体育会议,决定了第一届奥运会在
希腊雅典举办的同时,还通过了在巴黎举办第二届奥运会的决
议。可是,在第一届奥运会举办期间,希腊的一部分人就开始竭
力想要推翻这个决议。

希腊的一些社会名流更是宣称,奥运会是希腊民族文化的
一部分,与希腊是不可分割的,如果在其他国家举办奥运会,就
相当于是对古希腊文化的公开掠夺。后来,甚至连希腊国王都
亲自出面,要求雅典成为永久性的举办地点。

然而,现代奥运会创始人皮艾尔完全不同意希腊人的这种
论点。他认为奥运会是希腊的,也是全世界的,因此他依旧主张
要轮流在不同的国家和地区举行,以便打破一国垄断的局限性,
这样才能体现出奥运会的国际性和丰富性,才能使奥运会更富
有生机和活力。

后来,由于多数国际奥委会委员的支持,皮艾尔的意见终于
被确定下来,希腊也不得不接受皮艾尔的意见。于是,奥运会终
于得以轮流在世界各国举办。

奥运会结束后的雅典终于恢复了往日的平静,同时也给人们留下了深深的思考:

对于希腊和世界其他地方来说,1896 年奥运会产生了哪些影响? 对于希腊,这届奥运会在竞技运动和政治两个方面又产生了怎样的作用呢?

其实,经过若干世纪的压制,希腊人曾一度失去了对竞技运动的爱好,然而在筹备第一届现代奥运会的过程中,雅典却又掀起了一个全国范围的健身活动:在雅典和帕德纳兹已经出现了一些体操协会;在皮鲁斯港,有了划船俱乐部,公众对竞技运动的兴趣正在增加……

雅典奥运会后这样的情况就越来越多了,无论是喧嚣的城市还是偏僻的山村,到处可见练习投掷、赛跑的孩童。在古奥运会上,优胜者是从一个直接在城墙上打开的缺口进城的。如今希腊的城墙早已不复存在,但是竞技运动却在希腊民族的心中打开了一条通道。奥运会给这个国家增添的活力有目共睹,毫不夸张地说,1896 年是希腊新时代的开端。

这届奥运会对希腊国内的政治影响也很大。因为从奥运会的筹备到举办,使希腊臣民有更多的机会了解未来王室继承人的人品、领导能力和领导作风,这对于未来的国王来说,自己在臣民心中的形象非同小可。

王储及其兄弟乔治王子和尼古拉斯王子在奥运会组委会中发挥了积极的作用。库士坦丁王储从他丹麦的祖先

那里继承了漂亮的蓝眼睛和优雅的肤色,也继承了坦诚、开朗、沉着和聪敏的优秀品质,再加上希腊赋予他的激情和热心、冷静与热情、细致与果敢、沉稳与坚定在他身上完美地结合,增强了人们对他的尊敬和信任。

对于世界其他国家和地区而言,雅典奥运会的举办开启了民间集资办奥运的先例,为以后奥运会举办国的资金来源提供了有益的借鉴模式。

还有奥运会冠军获胜后,运动场奏国歌、升国旗的做法,都被固定成现代奥运会的颁奖仪式。

但是,第一届现代奥运会也有很多不足的地方,如比赛规则不统一,竞赛使用的是法国体育运动联合会的规定,跳跃和推铅球等使用的是英格兰业余田径协会的规定,自行车比赛则采用自行车协会的规定等;此外,本届奥运会并未邀请殖民地国家参加,而且所有妇女都被排斥在奥运会外,未设集体项目;等等。

第一届奥运会结束后,希腊诗人威凯拉兹辞去了国际奥委会主席的职务,因为他要继续从事他擅长的文学事业。这时,皮艾尔就顺理成章地接任了国际奥委会主席。

1896年夏天,皮艾尔和诺丹的第一个孩子降生了。初为人父的皮艾尔别提多兴奋了,他后来给儿子取名叫雅科。妻子诺丹也辞去了出版社的工作,在家里专心照料儿子。就这样,漂亮伶俐的小雅科给这个小家庭增添了无穷的乐趣,让他们感受到了数不清的甜蜜和幸福。

　　1898 年,小雅科已经 2 岁了。他长得非常俊美,而且还相当聪明。于是,皮艾尔在他的身上寄予了无限厚望。他要用自己全新的教育理念把儿子培养成一个健壮、快乐的智者,让他充分发挥超群的才智,为社会做出杰出的贡献。就这样,皮艾尔满心希望儿子长大后能够继承自己的宏伟事业。

　　不幸的是,就在这个夏天,巨大的灾难却降临到了小雅科身上。在一个烈日炎炎的酷热天,保姆带着小雅科外出散步。谁料由于保姆缺乏幼儿护理常识,竟让小雅科在烈日之下暴晒了很长时间,这远远超过了幼儿在这个年龄的承受限度。

　　于是,小雅科患上了严重的日照病,他的大脑受到了不可治愈的损伤,他日夜昏睡,再也没有恢复正常。后来,他竟然连普通幼童应该具备的智力也全都丧失了。

　　于是,痛心疾首的皮艾尔抱着小雅科跑遍了巴黎所有最好的儿科和脑科医院,他还把小雅科带到德国、瑞士等地遍求名医。尽管尝试了当时世界上最先进的医疗手段,但是仍然没能治好小雅科的脑损伤。

　　皮艾尔由于过度悲伤,面容变得异常苍白和憔悴,他几乎一夜间就长了许多白发。妻子诺丹更是受到了巨大的打击,她整天以泪洗面,痛不欲生,以至于从此性情大变。这个幸福的小家庭一下子跌进了痛苦的深渊。

　　但是面对突如其来的厄运,皮艾尔却没有时间治愈自己,因为巴黎奥运会的重担在肩,需要他承担组织和安排工作。于是,皮艾尔不得不请姐姐玛莉娅和诺丹的朋友轮流照看可怜的雅科

和神经有些失常的妻子。皮艾尔自己就像是一个身负重伤却又不能倒下的战士，强忍满心痛楚和哀伤，投入到巴黎奥运会千头万绪的筹备工作中去。

经历巴黎奥运会的挫败

1897年7月23～31日，在法国勒阿弗尔举行的第二届奥林匹克体育运动代表大会，通过了威凯拉兹对雅典奥运会的总结报告。大会还通过了各国要求加强学校体育运动的10项措施，其中包括运动医疗保健和加强监督等。

巴黎阿奎埃尔修道院的院长迪东是皮艾尔的好友，他后来受皮艾尔的影响，在修道院中大力支持学生的户外运动。1895年4月，皮艾尔曾经应迪东院长的邀请，参加了阿奎埃尔修道院中学生们的一次户外运动会，并在开幕式上讲话。

迪东院长对所有参加运动会的学生们说：

> 在这里，你们的口号是：更快、更高、更强！

后来，皮艾尔告诉迪东，他本人对这个口号非常赞同和欣赏。因为这个口号象征着运动会未来的趋势和希望。于是，迪东便请人把"更快、更高、更强"这6个字刻在了修道院的一处门楣上，作为激励学生积极参加体育运动的一条院训。

在第二届奥林匹克代表大会上，皮艾尔还引用了阿奎埃尔修道院的 6 字院训,并讲了它的由来。皮艾尔认为,这简短有力的 6 个字体现了体育运动的特点和未来的发展趋势,因此这 6 个字非常适合奥林匹克运动,更具有激发运动员们在赛场上奋勇拼搏的力量。后来,经过皮艾尔的大力推荐,"更快、更高、更强"在各国运动员和体育爱好者中广泛传播。

后来的 1920 年,国际奥委会正式规定这 6 个字为唯一的奥林匹克格言,还在当年的安特卫普奥运会上首次使用。此后,这一格言的拉丁文字样便频繁地出现在国际奥委会的各种出版物上,成了奥林匹克标志中不可分割的一部分。第六届奥林匹克代表大会还通过决议,把这 6 个字加在了国际奥委会的会徽上。

1889 年,法国巴黎举办了世界博览会,皮艾尔在这次博览会上与大发明家爱迪生面对面谈话,他还买走了当时世界上的第一辆摩托车。

19 世纪末,世界博览会炙手可热,因为它已经成了主办国炫耀自己经济实力和国力的武器,也是一项十分赚钱的新兴产业,因此各个国家都争先恐后地想要举办。就在现代奥运会起步期间,法国再次获得了 1900 年世界博览会的主办权,这次博览会将与第二届国际奥运会同一年在巴黎举行。

皮艾尔想,既然人们如此欢迎博览会,那么将奥运会与博览会放在同一时期举行,也许可以借博览会的光,让所有观众能了解奥运会。于是,他便将自己的想法告诉了国际奥委会的委员们。一些委员听了皮艾尔的想法后,都表示非常赞赏他的这个想法。

　　后来,皮艾尔又向法国政府说明了自己的合办计划,总理和部长们也都赞成将两会放在一起举办的做法。博览会组织委员会也一致认为,奥运会可以使巴黎博览会增添一些独特的魅力,于是双方一拍即合,立刻签订了协作合同。

　　皮艾尔签订合同之前还一直强调必须为奥运会修建新的体育场馆,博览会组织委员会当时也欣然答应了。然而,没过多久,法国政府眼中却只有博览会这个可以为国家赢得丰厚利益的重头戏了。他们还把皮艾尔安排为没有独立决策权的博览会组织委员会的普通委员,甚至连奥运会的领导工作都交给了博览会的负责人阿芙雷尔·皮尔卡。

　　然而,阿芙雷尔却又是个刚愎自用、独揽大权的人,他从不锻炼身体,对体育事业更是毫无兴趣。他对皮艾尔所提出的一切奥运会筹备方案都表现得非常冷淡,甚至不屑一顾。他对奥运会没有贡献任何力量,也不让皮艾尔去做。但是,他宁肯在博览会那些鸡毛蒜皮的小事上纠缠不休,也不愿抽点时间关心奥运会的准备工作。

　　皮艾尔每次针对奥运会提出自己的计划时,阿芙雷尔都找借口说太忙,因此他根本不会和皮艾尔讨论奥运会的事情,甚至对皮艾尔的计划不予答复。直到奥运会开幕前一年,一切比赛项目、日程、场地以及外国运动员的接待等问题仍然没有眉目,而博览会的分类场馆却建了一个又一个。

　　当时的皮艾尔急得就像是热锅上的蚂蚁,于是他只能成天跑政府,跑议会,拜会总统、总理和部长,向所有可能对奥运会的筹备工作施加影响的人展开游说,但是结果仍然无济于事。由于政府部门的互相推诿,所以皮艾尔很难得到人们的理解和支持。

有个朋友曾经劝皮艾尔:"你就省省心吧,人们所期待的都是博览会,并没有多少人关心奥运会。说到底,奥运会就是希腊人的老土玩意儿,巴黎的新东西多的是,所以没有人会买你的账的,你还是放弃吧。"

还有人对他说:"人家让你的奥运会和博览会一同举办已经够给足你的面子了,你不会是想喧宾夺主吧?"

就连皮艾尔在政府中的好友也耸耸肩,摆出一副爱莫能助的模样说:"当初是你主动要求奥运会与博览会合办的,现在你还想让我们怎么办?而且博览会的领导机构是总统提名、议会批准的,好歹你也在其中,即便是我也无权干预,所以你还是和阿芙雷尔商量着办吧。"

最后,皮艾尔被排挤出了领导班子,他没有了决策权、发言权,甚至连开会也没有人通知他,就这样,他连最起码的知情权也都被剥夺了。

这时,皮艾尔才彻底明白,他提议的博览会、奥运会相对独立,而又彼此配合、映衬的联合举办,实际上竟被歪曲成奥运会单方面交出一切权力,任人宰割!由于奥运会没有独立的奥组委,奥运会的全部捐助资金都存在博览会的账户下,因此想办任何事都寸步难行!

皮艾尔在看清事实的本质后感到痛心不已,但是为时已晚。

于是，预期的所有骄傲和喜悦都被悲愤和沮丧所取代。就这样，他在担忧、自责和畏惧的愁苦心情中，迎来了1900年巴黎奥运会的开幕。

当时对于巴黎奥运会的处境，国外并不了解。他们只知道本来就时尚、新潮的巴黎此时更加热闹非凡，而奥运会搭上了博览会的顺风船，也将招徕更多观众。于是，人们满怀期待，相信这将是各方面都会超过雅典的一次奥运盛会。

这次，许多没有赶上第一届雅典奥运会的国家和地区，像比利时、波希米亚、海地、西班牙、意大利、加拿大、古巴、荷兰、挪威和印度这次全都积极参赛，已经参加过的国家更是决定浴血奋战，法国运动员对家门口的奥运会更是不愿错过。因此，这届奥运会共吸引了22个国家参赛，比第一届奥运会增加了近一倍。

第二届奥运会的参赛运动员有1330名，是上届的4倍多。博览会组委会还违反皮艾尔的意愿，擅自接受了11名女运动员的报名，其中法国4人，美国、英国各3人，波希米亚1人，她们主要参加网球和高尔夫球比赛。

阿芙雷尔几乎没有对奥运会做任何的宣传，就连奥运会的名称都消失了，以至于在博览会广告和宣传资料上，"奥运会"变成了"国际锦标赛"。

阿芙雷尔把划船比赛和"救生设备展览"放在一起；把自行车比赛归入"车辆展览馆"；把不便归类的田径比赛写在了"提高工人的思想和道德"的标题下；"钢制品"栏里几行不起眼的文字"滑冰"也只是为了介绍时尚工业品滑冰鞋……

为了配合博览会的漫长会期,第二届奥运会从 1900 年 5 月 20 日开始一直到 10 月 28 日才结束。本次奥运会没有奥林匹克主体育场,没有开幕式和闭幕式,更没有对参赛国家代表的欢迎仪式。

运动员们住在临时赶建的简易活动房里,缺少基本生活设施,外国人的不同宗教信仰和不同饮食习惯也无人照顾,整个赛场看上去与难民营没有什么区别。

本次奥运会的赛程十分拖沓,场地也非常分散,很多比赛都被安排在了荒僻的远郊进行,并且常常临时变更地址,这让许多不熟悉巴黎地形、交通的外国选手感到非常头疼。

田径场借用郊区的法国赛马俱乐部跑马场,场地土质松软,林木遍布,没有任何田径比赛的设施。抛出去的铁饼、铅球和标枪常常会碰到旁边的树杈,链球有时还会缠绕在树枝上,有时就连运动员和裁判都不知道链球去了哪里。

为了吸引更多游客和观众,阿芙雷尔还在奥运会上随意增加了很多项目,有射箭、马术、水球、划船、帆船、足球、橄榄球、高尔夫球等,以至于正式比赛和表演项目难以分清。

就这样,繁华热闹的博览会分散了人们注意力,完全把奥运会淹没了。皮艾尔眼睁睁地看着这一切发生,看着奥运会变成了一个插科打诨的跳梁小丑,一个为他人作嫁衣而又被任意欺凌摆布的傀儡,但是他却又无计可施。人们常常看见他骑着自己的三轮摩托车,从一个偏远赛场风尘仆仆地赶往另一个偏远赛场的孤单身影。

在巴黎奥运会上,美国人再次展现了强大的实力,在田径比赛24个小项目中夺得17个冠军。克伦茨莱茵一人就获得了60米、110米栏、200米栏以及跳远4项的冠军。巴克斯特获得跳高和撑竿跳高冠军后,又包揽了3项立定跳高、跳远的亚军,成为美洲印第安人的第一个运动明星。

留学英国的普里查德,获得了200米跑和200米栏2个亚军,是奥运会历史上第一个获得奖牌的印度人。2个荷兰选手在现场临时找到一个七八岁的法国小男孩当舵手,获得双人有舵赛艇冠军,小男孩成为奥运会历史上年龄最小的金牌得主,可惜比赛后他匆匆离去,没有留下姓名。

马拉松比赛是在巴黎的大街上进行的,全程40.260公里,其中5个国家的19名运动员参加了比赛。最后,冠军得主竟然是熟悉巴黎街道的法国面包工人米歇尔·泰阿托,他比有"飞毛腿"之称的美国选手还快了45分钟。虽然泰阿托得到了冠军,但是令人不可思议的是,他的成绩却没有获得奥运会的承认。

英国女运动员库珀在网球单打决赛中以2∶0的成绩战胜了法国选手,成了奥运会历史上的第一个女子冠军,由此开启了女子走进奥运会的新篇章,这是皮艾尔始料不及的。

本次奥运会中,占了天时、地利、人和的法国人共获得了26枚金牌、36枚银牌和33枚铜牌。因此,法国、美国和英国成了第二届奥运会的前三强。

但是,这届奥运会根本没有颁奖仪式,没有奖牌,也没有获奖证书,更没有橄榄枝和月桂花冠。当初曾宣布运动员奖品将是法国的艺术品,却一直没有兑现。直到第二年春天,法国组委会才给每个参赛者寄去了一枚长方形的普通纪念章。

对于奥运会的成功与否,阿芙雷尔和皮艾尔有着不同的看法。阿芙雷尔认为本次奥运会是成功的,因为它的存在本来就是为博览会助兴、添趣,因此这个目的完全达到了。

但是皮艾尔却羞愧难当,他后来在日记里表达了自己无限的遗憾之情:

> 世界上有一个对奥运会非常冷淡的地方,这就是巴黎……动机本来是好的,但结果却不是奥运会了。他们利用了我的事业,并毁坏了我的事业。

尽管如此,巴黎奥运会依然有它的亮点存在:在奥运会艰难发展的初期,它得以如期举行;参加比赛的国家和运动员开始大幅度增加;女运动员开始在赛场上现身了;足球、划船、射箭、马术、橄榄球等许多之前没有的项目丰富了运动会,并突破了古代奥运会不设集体项目的传统;奥运会不再只是希腊的传统文化,它开始慢慢走向了全世界。这一系列的发展变化都得益于巴黎奥运会的举办,因此,不能说巴黎奥运会的举办是完全失败的。

经历奥运会的丑闻

皮艾尔之前的身体状况一直都很好,直到他多年来为了教育改革和复兴奥运会辛苦操劳,再加上又要承受儿子严重脑病的极大痛苦,因此巴黎奥运会还没有结束,他就病倒了。

这时候的皮艾尔虽然还不到 38 岁,但是他头上的白发却已经非常明显了。他人很憔悴,两颊深深地凹陷了下去,凹陷的脸颊使他那浓密的八字胡也显得过大。直到 1901 年,他的第二个孩子让娜的出世,才让他苦闷的心情渐渐好转。

这时的雅科已经 5 岁了,但是在那次大病后,他的身心成长都受到了严重影响,他发育迟缓、瘦弱,反应也有些呆滞。好在女儿让娜健康漂亮,身体状况一切正常,皮艾尔和妻子内心的创伤才得到了很大的抚慰。

巴黎奥运会还没有结束,美国芝加哥就提出了申办第三届国际奥运会的想法。不久后,美国的圣路易斯也提出了申办奥运会。原来,1903 年是圣路易斯建市 100 周年,他们已经争取到那一年的世界博览会在当地举办,他们甚至同意将世界博览会和建市庆典推迟一年与奥运会都在 1904 年举办。

由于巴黎奥运会被肆意利用而使声誉严重受损,因此这时的欧洲各国都对主办奥运会持怀疑的态度。然而,美国人在雅典奥运会上技压群雄后,又在巴黎奥运会上大显身手,足以见得美国的综合实力相当强。因此,在1901年5月21日召开的国际奥委会第四次全会上,芝加哥顺利获得了第三届奥运会的主办权。

皮艾尔在这次会上对筹备期间的严重错误以及巴黎奥运会的种种失败做了深入的分析和检讨,所以他非常希望下一届奥运会引以为戒。奥委会的委员们也都认可皮艾尔的分析和总结,他们一致认为巴黎奥运会虽然令人遗憾,但也不是没有任何优点,因此大家不能就此否定皮艾尔多年来为国际奥林匹克运动所做的开拓性贡献。

按照国际奥委会规定,每一届奥运会的新主席都应该由奥运会主办国的委员轮流担任,因此第三届奥运会的主席应是美国委员斯隆。但是,斯隆却提议由皮艾尔担任长期主席,因为他觉得轮流担任主席的弊大于利。

从皮艾尔的遭遇来看,事实确实如此。主办国委员出任主席反而更容易被忽视和怠慢,因为一切都是自己人,难免出现内部摩擦,而且主席任期过短也不利于国际奥委会长期、稳定的发展。于是,奥委会的委员们一致同意,仍由最具威望和资格的皮艾尔担任长期主席。

得知芝加哥获得了奥运会的主办权后,圣路易斯仍然没有让步的意思,于是他们开始求助于美国总统兼美国奥委会名誉主席的西奥多·罗斯福。

西奥多·罗斯福先生是其家族中的第一个总统,他其实在感情上十分倾向于在圣路易斯举办奥运会,因此他热情地邀

请皮艾尔到美国实地考察后再决定奥运会的主办权交给哪个城市。

皮艾尔心里非常清楚,在奥运会饱受诟病的脆弱之际,美国人对奥运会的认同在这时显得格外重要,因此他马上乘远洋海轮到美国去了。其实,他10多年前到美国开会、考察时就已经与热爱运动的西奥多·罗斯福相识,两人还成了朋友。这次皮艾尔在白宫受到西奥多·罗斯福总统的热情接待,他们在一起把酒畅谈,气氛十分融洽。

皮艾尔随后分别到了芝加哥和圣路易斯去考察情况。芝加哥作为北美洲有数的大城市,基础设施要比圣路易斯好很多。而圣路易斯人的热情更高,他们还说一旦把奥运会的主办权交给他们,他们新建的主体育场一定会超过芝加哥。看了两个城市的特点之后,皮艾尔其实更倾于在芝加哥主办奥运会。于是,他返回华盛顿,想征求一下罗斯福总统的意见。

罗斯福总统却说:"你们欧洲人当然更熟悉芝加哥。可是芝加哥在许多方面已经得到了上帝的厚爱,为什么不给圣路易斯一个发展的机会呢?我毫不怀疑,他们会把奥运会办得更为出色,请你相信我的判断!你和我不是都同意'在成功的道路上,愿望比条件更重要'这个观点吗?"

皮艾尔向罗斯福总统表达了自己心里一直担忧的事情,因为他自己之前目睹了巴黎奥运会与博览会配合举办而导致的失败结果。罗斯福总统也十分理解他的担忧,因此他表示,美国人会对体育运动和奥运会都非常尊重,请皮艾尔尽管放心。

　　皮艾尔回国后,罗斯福又以总统和美国奥委会名誉主席的身份发来电报说,保证巴黎的悲剧不会再次重演,美国圣路易斯一定会办一届令所有人都满意的奥运会。

　　然而,皮艾尔和委员们仍然倾向于由芝加哥主办奥运会。但是,国际奥委会的力量还很薄弱,为了使困难重重的事业得到美国的宝贵支持,皮艾尔和其他委员们不得不尊重罗斯福总统的意见,将奥运会的主办权交给圣路易斯。

　　就这样,在罗斯福总统的说服下,芝加哥终于宣布退出竞争。后来,圣路易斯奥组委主席苏里万发表声明说,一定会把奥运会办成远比前两届奥运会精彩、成功的体育盛会。

　　虽然有罗斯福总统的保证,主办权也交给了圣路易斯,但是皮艾尔对这一届奥运会仍然提不起兴趣。就连罗斯福总统和苏里万盛情邀请他到圣路易斯出席开幕式,都被他婉言谢绝了。

　　其实皮艾尔并不看好这一届奥运会,但是为了从大局出发,他不得不避免和美国组织者发生近距离的冲突。从感情上说,他也不愿意亲眼看见自己的"孩子"再次受到伤害。虽然他人没有去美国,可是他的心里却无时无刻不在关注着圣路易斯发生的一切。

　　第三届奥运会于 1904 年 7 月 1 日至 11 月 23 日举行,这次奥运会成为继巴黎奥运会后又一次旷日持久的运动会。然而,人们关注的焦点仍然是博览会的商业展览和演出活动。但幸运的是,圣路易斯不像巴黎那么庞大,它的比赛场地都比较集中,新建的设施也比巴黎完善,因此吸引的观众也就更多一些。

由于远隔重洋,旅费昂贵,许多国家都没有到美国参赛。欧洲只有英国、德国、希腊、挪威、奥地利、匈牙利和瑞士参赛,7国的参赛人员共41人,其中有不少还是身在美国的侨民或留学生。另外,只有古巴、加拿大、澳大利亚、南非和美国参赛。参赛国比上届减少了一半,运动员也只有681人,其中外国运动员还不到百人。

本次奥运会上,比赛项目有增有减:上一届的马术、帆船、自行车、射击等被取消,增加了拳击、长曲棍球、罗克球,田径中首次设立了十项全能,恢复了第一届奥运会的摔跤和举重比赛。

这一次的举重比赛仍未分级,但是摔跤和拳击按体重分成了7个级别,比赛规则也有所创新。田径比赛在华盛顿大学圣路易斯分校进行,跑道长536.45米,直跑道长220米,比前两届场地条件好多了。游泳比赛改在博览会展馆旁的人工水池里进行,比雅典奥运会在波涛汹涌的公海海面和巴黎奥运会在塞纳河里比赛更为理想。

田径比赛成绩高潮迭起,打破了13项奥运会纪录,还破了3项世界纪录。其中水球、射箭、网球、摔跤、拳击等比赛的选手全部都是美国人,因此奖牌也被美国人全部包揽。田径比赛25个项目中,除了加拿大和英国各获得一项冠军外,金牌也全部被美国选手包揽了。

击剑项目除了古巴选手丰斯特获得一个冠军,其他金牌也都被美国人夺得。就这样,由于美国的参赛人员较多,所以大多数比赛就变成了是美国的国内比赛,许多外国人都讥讽这一次的奥运会简直就是美国人的"家庭运动会"。

这届奥运会和以往奥运会最大的不同之处就是,它首次向成绩排名前三的运动员颁发了金、银、铜牌,而且颁奖仪式就在每个项目决赛后的现场进行,这样的颁奖方式后来成了奥运会的惯例。

然而,在8月30日的马拉松比赛中,美国选手洛茨率先到达终点,但是他刚刚获得金牌就被人揭露他在半路上偷乘了一辆汽车,少跑了17公里,于是赛场顿时沸腾了起来。后来,洛茨的金牌被收回,由美国选手希克斯获得。不料,希克斯也被人揭发在离终点7公里处注射了两支药剂,还喝下了一大杯法国白兰地。

接着本次奥运会爆出了更大的丑闻,那就是本次奥运会公然宣扬种族歧视。他们禁止有色人种特别是黑人参加比赛,他们甚至在黑人的比赛中使用各种阻挠手段防止他们取得胜利。最后,这种严重的种族歧视引起了黑人的强烈不满和坚决抗议。

皮艾尔在巴黎得知这一系列的丑闻后感到非常气愤,他马上约见记者发表了谈话,并致电罗斯福总统和苏里万,指出这完全违背了自己当初为奥林匹克运动会制定的原则,他还表示自己会关注本届奥运会的一切举动。

更恶劣的是,组委会竟然还别出心裁地搞了一个"人类学日",让运动员们装扮成各国土著居民——如日本的虾夷人、菲律宾的莫洛人以及美国的印第安人等——进行爬竿、打泥巴仗等"比赛",以突出白人的高贵和优越。美国的这一举措更是引起了

外国运动员的强烈不满。

身在巴黎的皮艾尔在得知美国这一恶劣的行为后异常愤怒,他马上公开痛斥美国的这一行为:

> 圣路易斯人的所谓"人类学日",把庄严神圣的奥运会办成了人类动物园,是严重违反奥林匹克运动主张民族平等、彼此尊重的观念的,是完全不可接受的。他们的丑恶行径玷污了奥运会,是我们大家的耻辱!

就这样,继雅典奥运会后的两届奥运会,全都沦为了博览会的牺牲品。圣路易斯更是出现明目张胆的种族主义行径,让国际上的许多有识之士都纷纷摇头叹息,因为他们认为这已经严重背离了奥运会的宗旨。

希腊人更是义愤填膺,认为巴黎的闹剧、圣路易斯的丑闻是对古奥运会伟大传统的公开践踏和亵渎,而这一切都是让奥运会脱离希腊本土惹的祸。他们认为只有依靠希腊人的纯正与热忱,才能保持古代奥运会的传统和理想,挽救误入歧途的现代奥运会。于是,他们向皮艾尔提出:在1906年的首届奥运会10周年之际,由雅典再次举行一次纯正的奥运会,并让雅典成为奥运会的永久会址。

皮艾尔非常理解希腊人的愤慨,但是他仍然相信国际化是推广奥林匹克运动的必经之路。于是,他坚持奥运会应该继续在世界各地轮流举办,但是他同意在不影响既定的1908年奥运会的前提下于1906年在雅典举办一届奥运会。皮艾尔的目的是想让雅典奥运会成为后继奥运会的楷模与典范。由于这届雅典奥运会处在第三届和第四届奥运会之间,因此被称为"届间奥运会"。

巴黎和圣路易斯奥运会的失败,是对奥林匹克运动精神的严重歪曲和伤害,更使刚刚迈出国际化步伐的奥运会遭受到了沉重的打击。因此失望的情绪在国际奥委会中开始蔓延。

后来,有人主张现代奥运会就此结束,免得让后世指责,还玷污了古奥运会的光荣。个别情绪激动的委员甚至将两届奥运会的失败归结于皮艾尔的领导无方,并要求他引咎辞职。

但是,皮艾尔认为此时还不是他该放弃的时候,因为他不能看着自己的"孩子"还未好好看看这个多彩的世界就夭折在襁褓之中。就这样,刚刚诞生10来年的奥林匹克运动会正处于生死攸关的危急时刻。

设立奥林匹克奖杯

在经历了前两届奥运会的挫败之后,皮艾尔经常一个人在房间里思索:

> 如何才能使奥林匹克运动在国际化过程中不断沿着正确的方向前进呢?

其实,圣路易斯奥运会上出现的种族歧视,是有复杂的成因和历史渊源的。因为古奥运会的精华中也会存在糟粕,

那时候的奥运会完全属于"血统奥运会",所以古希腊人严禁非希腊血统的运动员参赛,这就包含着对生活在同一地域其他民族的种族歧视的倾向。

就是在欧洲各国,法国和英国之间,英法和德国之间,英国和欧洲大陆国家之间,欧洲各国和俄国之间,甚至同属地中海地区的希腊人和马其顿人、阿尔巴尼亚人、塞浦路斯人之间,以及同属一个国家的意大利北方人和南方人之间,也全都存在着根深蒂固的偏见。更何况美国是由众多不同种族移民组成的国家,因此种族歧视就更不可能避免了。

但是,如果奥运会不能消除种族歧视和民族偏见,那么即使它再成功,打破再多的世界纪录,颁发再多的奖牌,也都不能算是成功的,因为它的成功中不包括和平共存、携手进步的人类理想。这样的奥运会将是不值得竭力追求的目标,更不是皮艾尔一直以来努力追寻的梦想。

奥林匹克运动最大的敌人,不是只能看见利益的主办者,不是通过作弊赢得荣誉的运动员,而是妨碍人类相互理解与和平相处的所有消极因素,这是深藏于人们内心的一个巨大心魔。

因此,只有矢志不渝地坚持奥林匹克运动中的崇高理想,倡导生生不息的奥林匹克精神,人类梦想的旗帜才能在空中飘扬,各个国家才能全面发展,世界各国之间的和平才能得到保障,而奥林匹克运动本身也才能更好、更快地发展起来。

而在这样的过程中,作为一种召唤力量的奥运会,需要创建更规范、更科学的基本制度;作为文明、进步示范的奥林匹克运动,需要奠定更先进、更坚实的哲学基础。

于是,皮艾尔把准确地阐释奥林匹克运动的宗旨、确定奥运会的基本规范视为自己的重大使命。为此他不仅勤于观察、思考,广泛征求委员们和各界人士的意见,并且博览群书,从古人、前辈和同时代人的著述中吸取营养,加上自己的创见、发挥,逐步形成了比较系统的进步思想,作为奥运会和奥林匹克运动的指导方针。

1905 年 6 月 9 ~ 14 日,在比利时首都布鲁塞尔举行了第三届奥林匹克代表大会。皮艾尔担任这次大会的主席,共有 21 个国家的 205 名代表参加了此次大会。各国代表们肯定了圣路易斯奥运会的积极方面,同时他们也一致认为奥运会以后一定要避免被博览会淹没。

大会主题是"竞技运动与体育教育",通过了 15 项改善学校体育运动的决议,要求学校创造条件,保证学生每天 1 小时体育活动时间。大会还通过了敦促那些具有一定人口规模、有条件的城市修建体育设施等 34 项改善体育组织工作的决议。

皮艾尔认为,奥林匹克运动的根本目的,就是要促进各国公民积极参加各项体育运动,然后在此基础上推动个人、社会与国家的全面发展,更对增强各国人民的友好交往奠定了坚实的基础。

于是,在奥运会接连遭受挫败的艰难时期,国际奥委会和奥林匹克代表大会仍然坚守自己的初衷,坚持提出他们的广泛关切,这是难能可贵的。因此,在很大程度上,皮艾尔的开阔视野和远大抱负,在促进社会进步方面发挥了强大的作用。

1906年,希腊人再次举办了雅典奥运会,参加这次奥运会的共有20个国家的884名选手,其中有7名女选手,6人来自希腊,这足以说明奥运会的国际化对这个严格遵循古奥运会的国家也产生了积极影响。非洲的埃及和亚洲的土耳其也都是首次参加奥运会,这是奥运会历史上五大洲运动员的第一次聚会。

此届奥运会于1906年4月22日至5月2日举行。这次奥运会的开幕式成功吸引了6万多名观众到场,还有约6万的观众聚集在周围街道和山坡上观望。各场比赛的观众都人山人海,气氛更是十分热烈,与巴黎、圣路易斯奥运会的冷清场面形成了鲜明的对照。

希腊人的努力虽然受到了大多数人的欢迎和好评,但是他们想把奥运会永远留在希腊的目的却没有达到。因为本届奥运会虽然得到了国际奥委会的批准,但是却并没有被未列入奥运会的正式序列,因此本届比赛成绩也就没有被正式记录。后来,多年以后,本届奥运会几乎完全被时间湮没,被世人遗忘了。

但是"届间奥运会"是有功劳的。因为它在前两届奥运会遭受严重挫败、人们开始对奥运会持怀疑态度的时候重返雅典,强调了奥运会积极、高尚的精神气质,也创建了一些很好的组织形式,推进了奥运会的制度建设,为奥运会的健康发展做出了表率并起到了引导作用。

1906 年 5 月 23～25 日，第四届奥林匹克代表大会在巴黎召开，皮艾尔依然担任大会主席和奥运会筹备的负责人。本次大会有约 60 人出席，其中包括 30 名艺术家，本次大会的主要目的是讨论"将艺术融入奥运会和日常生活"。

26 日，奥林匹克代表大会在索邦神学院举行了有 2000 人参加的盛大闭幕式。大会最终决定在奥运会中设立建筑、雕塑、绘画、文学和音乐等艺术比赛，这是皮艾尔提出的设想。他希望让艺术的魅力与体育的力量结合在一起，共同促进人们尤其是各国青少年的全面发展。

申办第四届奥运会的有 4 个欧洲城市，它们分别是意大利的罗马、米兰，德国的柏林以及英国的伦敦。然而，罗马刚获得主办权不久，意大利境内就多次发生地震和火山爆发，造成了重大的经济损失和社会恐慌。于是，在"届间奥运会"举办期间，罗马主动宣布放弃主办权，后来国际奥委会决定将主办权交给了伦敦。

当时，英国人对主办奥运会热情非常高，以至于不到一年的时间他们就修建了可以容纳 7 万多名观众的白城体育场，场内的煤渣跑道周长 536.45 米，还有专用的自行车赛场和 100 米泳道的游泳池。组委会还特意邀请专家为一些项目制订了比赛规则。

然而，虽然奥林匹克代表大会决定从 1908 年的伦敦奥运会开始进行艺术比赛。但是，艺术比赛毕竟和体育竞赛有很大的

不同,它很难通过"更快、更高、更强"的直观量化标准来判断高下或优劣,因此应该如何进行比赛,直到1907年底还没有讨论出个结果,所以伦敦奥运会也没有举办艺术比赛。

在十多年的奥林匹克运动发展中,除了直接参与奥运会的运动员、教练、裁判、后勤人员和筹划组织者,还有许多幕后英雄在默默无闻地奉献,提供了各种宝贵的支持。他们或者致力于普及各项体育运动,或者为体育场馆建设捐献资金、提交合理的设计方案,或者在宣传推广奥林匹克运动的活动中贡献突出。

因此皮艾尔一直在考虑,想要用一种更庄重的方式来表彰奥林匹克事业的共同支持者和推动者。于是,在这届代表大会上,他提议设立奥林匹克奖杯,专门给那些为奥林匹克运动和国际体育事业做出突出贡献、具有良好声誉的社会团体给予表彰和奖励。

代表大会最终采纳了皮艾尔的建议,给那些受公众尊重,热情为体育服务,为发展奥林匹克运动做出卓越贡献的国家和地区奥委会以及其他社会团体,授予奥林匹克纯银奖杯。奥林匹克奖杯的设立,是皮艾尔充实、完善奥林匹克制度建设的又一个贡献。

1907年初,皮艾尔的父亲去世了。此时皮艾尔的母亲也已年老多病,再加上她在感情上非常依赖父亲。因此,父亲去世后不久,母亲的病情骤然加重,也在当年去世了。

1908年,73岁的国际奥委会首任主席威凯拉兹在雅典病逝,皮艾尔代表国际奥委会专程前往雅典致哀。他在亲笔书写的悼词中,亲切地回顾了威凯拉兹当年和自己艰难开创国际奥林匹克运动的经历,对他促成雅典奥运会的功绩给予了很高的评价。

终于见到奥运会曙光

伦敦奥运会是举办时间最长的一届奥运会,从 1908 年 4 月 27 日一直延续到 10 月 31 日。开幕式安排在会期中间的 7 月 13 日。本次奥运会受"届间奥运会"的启发,要求各国代表团统一着装,在本国国旗引导下依次列队入场。后来,这种入场方式成为每届奥运会标准的入场式。

由于本次奥运会英国的参赛人数为整个奥运会所有参赛人数的 1/3,所以最后英国以 56 枚金牌、50 枚银牌和 39 枚铜牌的成绩排名第一。美国的奖牌分别是金牌 23 枚、银牌 12 枚和铜牌 12 枚。瑞典人以 8 金、6 银、11 铜位居第三。于是,英国人为了炫耀本国的战绩,定期公布了各国获奖的统计数字,开了后来奥运会设立各国奖牌排行榜的先例。

本次奥运会中,选手跨项目参赛的现象仍然非常普遍,因此至少获得 2 枚奖牌的选手达 16 人,美国选手谢泼德和英国选手泰勒,分别在田径、游泳比赛中各获 3 枚金牌。

美国选手尤里也在立定跳高和立定跳远中夺冠,加上前几届奥运会获得的金牌,他的金牌总数达到 8 枚之多,仅次于芬兰

选手鲁米。此次伦敦奥运会共创造了 23 项奥运会纪录、11 项世界纪录,为奥运会赢得了高水平国际运动会的声誉。

奥运会期间,为了方便英国的王室成员观看马拉松比赛,组委会特意将起跑地点安排在温莎王宫的阳台外面,终点设在白城体育场内。经过准确的测量后,本届马拉松长跑的距离为42.195 公里,后来这个长度被确定为马拉松比赛的标准距离。

本次马拉松的比赛中,意大利运动员多兰多·皮特里第一个跑回体育场内,但是因为体力消耗过大,步履蹒跚的他没能辨清方向,竟与终点线擦肩而过,虽然工作人员纠正了他的方向,但是他又几次摔倒在地,久久不能站起来。

后来,在两个好心医生的搀扶下,他总算到达了终点,但是由于他借助了外界的力量,因此成绩被取消了。所有观众都为他感到万分惋惜,但是也为他拼搏到底的顽强精神所感动了。后来,英国女王在包厢里还接见了皮特里,并奖给他与冠军所获得的奖杯一模一样的奖杯。

开幕式前的星期天没有比赛,皮艾尔和许多人都来到伦敦著名的圣保罗大教堂参加礼拜。讲道的宾夕法尼亚大主教谈到了正在举行的奥运会,对皮特里的精神既感动又钦佩,于是他在布道中说:

奥林匹克运动会的意义,不在于取胜,重在参与!

听了大主教的话后,皮艾尔感觉非常经典,以至于好多天里这句话都在他的耳畔回荡着。他觉得这是一个值得在奥运会和奥林匹克运动中加以提倡的新思想。

本届奥运会的闭幕式后，英国政府举行了大型招待会，皮艾尔在宴会上发表演说，他引用了大主教的话说：

> 在圣保罗大教堂，宾夕法尼亚大主教用中肯的话语提醒大家注意：对奥林匹克运动会来说，参与比取胜更重要。先生们，让我们牢记这铿锵有力的话吧。它将扩展到每个领域，形成一种清澈、健康的人生哲学基础。

> 生活中重要的不是凯旋而是奋斗，其精髓不是为了获胜，而是使人类变得更勇敢、更健壮、更谨慎和更高雅。这是我们国际奥委会的指导思想之一。

从此，"参与比取胜更重要"这一句话成了奥林匹克运动的经典名言。果然如皮艾尔所说，这句话扩展到了每个领域，它成了比只注重结果、成绩的功利思想更开阔、更超越的新观念。

尽管本次伦敦奥运会仍然存在许多不足之处，但它仍可被视为奥林匹克运动中的里程碑。它终于还证明了这种 4 年一届的大型活动成了国际体育竞技的巅峰。

1912 年 5 月 5 日至 7 月 22 日，第五届奥运会将在瑞典的首都斯德哥尔摩举行。于是，瑞典人为筹集奥运经费，首次发行了特别彩券和明信片。瑞典国王古斯塔夫批准，在柯罗列夫动物园内划出十多公顷土地，请英国建筑师佩里设计，兴建了可以容纳 3.2 万名观众的封闭式新体育场。

斯德哥尔摩奥运会的开幕式仍放在会期中间的 7 月 6 日，

开幕式上进行了瑞典女子团体体操表演。闭幕式之前进行了马术比赛,为大会增添了观赏性和热烈气氛。

1906 年通过的举办文学艺术比赛的决议,在这一届奥运会上终于得到了实现。文艺比赛分建筑、绘画、雕塑、音乐和文学 5 项。参赛国家达到 28 个,运动员 2054 人,其中女运动员已经达到了 57 人。这届奥运会的观众人数也达到了 30 万人,比以往几届加起来的数目都要多。

斯德哥尔摩奥运会的比赛项目做了较大的调整,其中拳击、自由式摔跤、举重、曲棍球和射箭被取消了,新增了女子游泳和现代五项等。

增设现代五项是皮艾尔建议的,他历来都比较提倡这种由多项比赛综合而成的赛事。现代五项包括马术、击剑、射击、游泳和越野跑,它是唯一的军事体育项目,仅限于军官参赛。后来,国际奥委会还是取消了这一限制。

田径比赛在这次奥运会上第一次使用了电子计时器和终点摄影装置,首次记录了前 6 名的运动员成绩。国际业余田径联合会也于这届奥运会期间在斯德哥尔摩成立。

这届奥运会的一些运动员后来有很多人都成了名人。如美国选手巴顿在这届现代五项比赛中获得了一个项目的第五名,后来他在第二次世界大战中成为举世闻名的盟军将军。另一位美国选手布伦威奇参加了五项全能和十项全能比赛,获得五项全能第五名。整整 40 年后,他当选了国际奥委会的第五任主席,任期长达 20 年。

德国选手哈尔特也参加了五项及十项全能比赛,后来他出任了国际奥委会委员、德国奥委会主席和国际手球总会主席。澳大利亚的法杜克在女子游泳比赛中表现杰出,成为这届奥运会最耀眼的女明星。

……

除此之外,这届奥运会上最引人注目的就是美国男子田径运动员索普。索普是印第安人,在这届奥运会上,他同时获得了十项全能和五项全能2个冠军。

在五项全能比赛中,索普获得了跳远、200米跑、铁饼和1500米跑的4个第一名,以及标枪第三名,他以绝对的优势战胜了几乎所有的参赛人员。接下来的十项全能比赛中,索普又以总分第一的成绩摘得金牌,创造了这个项目的世界纪录,并且保持了20年之久。

后来,索普的惊人成绩引起社会的巨大轰动。一些记者查阅了大量报纸,找出了他曾参加职业棒球比赛的照片,宣称他是职业运动员,因此他们认为索普违反了"业余参赛"的原则。于是,美国田联宣布索普创造的世界纪录无效,并将他的金牌全部收回。

然而,索普曾经确实参加过职业棒球赛,但是在田径场上他却是不折不扣的业余选手,因此在奥运会上他并没有任何欺骗的行为。直到70年后的1983年1月,国际奥委会的第7任主席萨马兰奇亲赴洛杉矶,将索普当之无愧的2枚金牌送到他的女儿手中。而此时的索普已经去世30年了。

这次斯德哥尔摩奥运会完全摆脱了博览会的欺凌,因此国际化程度也有非常明显的提高。这一届奥运会的比赛规则更加规范,比赛也更加公平公正,再加上现代技术的采用也使比赛成绩的准确性大大提高。

看着奥林匹克运动正朝着自己所期望的方向慢慢发展,皮艾尔满意地说:"这是一次真正的运动会,没有事故,没有抗议,没有民族沙文主义仇恨。"

这一切的进步都是皮艾尔多年以来努力维护和坚持的结果,因此他心中感受到了莫大安慰。眼见心中的理想一步一步变成现实,年近半百的皮艾尔终于露出了欣喜的笑容。

创作《体育颂》与五环旗

在斯德哥尔摩奥林匹克文化大赛上,皮艾尔赢得了诗歌比赛的冠军。这首散文诗名为《体育颂》。在诗中,他畅所欲言地表达了自己对体育影响力的信念:

啊,体育,天神的欢娱,生命的动力。你猝然降临在灰蒙蒙的林间空地,让受难者激动不已。你是容光焕发的使者,向老年人微笑致意。你像高山之巅出现的晨曦,照亮了昏暗的大地。

啊,体育,你就是美丽!你塑造的人体,变得高尚还是卑鄙,要看它是被可耻的欲望引向堕落,还是由健康的力量悉心培育。没有匀称协调,便谈不上什么美丽。你的作用无与伦比,可使二者和谐统一;可使人体运动富有节律;使动作变得优美,柔中含有刚毅。

啊,体育,你就是正义!你体现了社会生活中追求不到的公平合理。任何人不可超过速度一分一秒,逾越高度一分一厘。取得成功的关键,只能是体力与精神融为一体。

啊,体育,你就是勇气!肌肉用力的全部含义是敢于搏击。若不为此,敏捷、强健有何用?肌肉发达有何益?我们所说的勇气,不是冒险家押上全部赌注似的蛮干,而是经过慎重的深思熟虑。

啊,体育,你就是荣誉!荣誉的赢得要公正无私,反之便毫无意义。有人要弄见不得人的诡计,以此达到欺骗同伴的目的,他内心深处却受着耻辱的绞笞。有朝一日被人识破,便会落得名声扫地。

啊,体育,你就是乐趣!想起你,内心充满欢喜,血液循环加剧,思路更加开阔,条理愈加清晰。你可使忧伤的人散心解闷,你可使欢乐的人生活更加甜蜜。

啊,体育,你就是培育人类的沃土!你通过最直接的途径,增强民族体质,矫正畸形躯体,防病患于未然,使运动员得到启迪:希望后代长得苗壮有力,继往开来,夺取桂冠的胜利。

……

《体育颂》蕴含了皮艾尔对体育运动的深刻理解，以及他对奥林匹克运动理想的深入思考。它热情讴歌了体育对于人类生活的积极价值，歌颂了公平竞争的体育风范，讽刺、鞭挞了体育竞赛中的不良倾向。

《体育颂》更抒发了皮艾尔积极进取的人生观，寄托了他对和平、友谊的热情憧憬。正因为它表达了所有人内心最真实的想法，才会经受住将近一个世纪时间的过滤，成为历史上最优秀的体育文学佳作之一。

从伦敦奥运会起，各国运动员在本国国旗引导下依次入场。于是皮艾尔就开始思考，能不能使奥运会和奥林匹克运动也有一个醒目的标志呢？这样它就可以时刻提醒运动员和广大观众，激烈的比赛既是在争取个人和国家的荣誉，也是在张扬各国共同拥有的体育文化所具有的精神价值。

于是，皮艾尔想亲自设计一种能够传达奥林匹克运动精神和宗旨的标志。后来，他开始到处查找资料，还翻阅了古代奥运会留传下来的文字和文物史料，终于从古奥运会时代的德尔菲圣坛上发现了几个互相套结的圆环，于是他受到启发，瞬间就产生了创作灵感。

1913 年，皮艾尔亲手设计了一个五环相扣的图案想要作为奥林匹克运动的标志。国际奥委会也采纳了皮艾尔的建议，他们认为蓝、黄、黑、绿、红色作为五个环的不同颜色，正好能代表当时国际奥委会成员国国旗的颜色。

1914 年 6 月，在巴黎召开的庆祝奥运会复兴 20 周年的奥委会全会上,第一次升起了五色圆环相扣的奥林匹克会旗。旗帜的底色选择用白色,意指所有国家都能公平地在自己的旗帜下参加比赛。后来,奥运五环的颜色又有了另外的含义:

> 蓝色代表欧洲,黑色体现非洲,红色标志美洲,黄色意指亚洲,绿色比喻大洋洲。

后来《奥林匹克宪章》规定,五环旗和相连的五环代表五大洲的团结和全世界运动员在奥运会上相聚,体现奥林匹克主义"所有国家、所有民族"的主题。《奥林匹克宪章》还规定,五环标志是国际奥委会的专用标志,未经国际奥委会许可,任何团体和个人都不得擅自用于广告和商业活动。

有了伦敦和斯德哥尔摩两届奥运会作为铺垫,皮艾尔对奥运会的国际影响力越来越自信了。后来,他打算让奥运会再接受一次"终极检测"。于是,他将1916年奥运会的主办地选在了德国的柏林,还将此次奥运会的筹备大任交给了卡尔·蒂姆领导的团队。

蒂姆是位精力充沛的体育行政官员兼作家。他凭借自己充沛的精力和对工作的热情,在接下来的数年时间里,成了奥林匹克运动的一位得力干将。令皮艾尔没有想到的是,他随后却做了第三帝国的爪牙,以至于最后到了晚节不保的地步。

不幸的是,1914年的世界大战很快就爆发了,因此1916年的柏林奥运会被迫取消。德国奥委会紧急通知国际奥委会,他们已被强令解散,筹备工作全面停止。皮艾尔得知一切后,心里

仿佛有千斤重的铁块压得他喘不过气来。

这时的法国上下全都沉浸在对德复仇的狂热战争中。8月下旬,德军在法比边境发起了有力反攻,经过几个昼夜的血战,协约国军队损失惨重,法军不得不全面后退。于是,德军乘胜追击,长驱直入。仅仅8天内,巴黎就有50多万人逃往外省。

皮艾尔也将妻子和儿女护送到了诺曼底的摩威尔庄园。他自己只带了几件换洗衣服,却把与奥运会、奥林匹克运动有关的所有文件、文稿等装满了一辆高价租来的卡车。

到摩威尔庄园后,皮艾尔由于放心不下巴黎郊外国际奥委会总部的安全,便再次匆匆返回巴黎。即便是路上他乘坐的吉普车被部队临时征用,他也不肯折回诺曼底,而是朝着巴黎的方向继续步行。刚到巴黎,皮艾尔就大病了一场。医生说皮艾尔之所以生病,淋雨和饥渴只是一小部分原因,主要原因还是他在开战前后过度焦虑和疲惫所致。

战争仍然猛烈地进行着,这时的法国征兵年龄已经从30岁提高到了50岁。不久,52岁的皮艾尔也接到了应征通知,通知要求他到陆军部报到然后待命。由于皮艾尔精通多国语言,因此他被征聘为陆军部文官,负责军事文件等的翻译工作。

随着战争的持续,巴黎物价也逐日飞涨。于是,皮艾尔本来感觉还算宽裕的生活开始变得紧张起来。皮艾尔手中原来持有的几种股票也全都暴跌。他震惊地发现,几乎在一夜之间,自己从富翁变成了穷人。

就这样,一家人不得不节衣缩食,艰难度日。其实,这些年里,皮艾尔一直都在为国际奥委会捐献自己的个人财产,不管是现金、支票还是变卖自己名下的艺术收藏品,皮艾尔几乎捐献了自己的一半家产。本以为这并不会对自己的生活有太大影响,没想到遇到了战争,经济剧烈动荡,以至于现在家里连日常开销都受到了影响。

但是,尽管这样,无私的捐赠早已经变成了皮艾尔的第二天性。他可以在家庭急需时出面请银行通融,向亲友借钱,但就是做不到停止捐献。

这么多年来,皮艾尔一直是国际奥委会最主要、最经常捐助者,如果没有他持之以恒地为奥委会捐献财物,国际奥委会根本不可能正常运转。为了防止家族成员日后向国际奥委会索讨捐款,皮艾尔还曾经一再叮嘱财务委员不要保留他历次捐资的明细账。尽管战争期间国际奥委会的工作基本停止,开支也有所减少了,但是皮艾尔的捐助仍然没有完全中止。

战争期间,皮艾尔与外国委员和各国奥委会成员的通信变得十分困难。此时的他非常担心奥林匹克运动20年来积累的历史资料和档案被战争毁坏。

幸好,在几位瑞士朋友的联系和帮助下,国际奥委会征得了中立国瑞士政府的同意,决定将国际奥委会总部连同所有的资料和档案全部迁移到瑞士的洛桑。就这样,在皮艾尔的精心照看下,数千件文件与实物均无遗失损坏。

早在1913年,当第五届奥林匹克代表大会在洛桑举行时,皮艾尔就对洛桑的环境赞不绝口,他曾经这样形容洛桑:

　　洛桑依湖而立茂密的树林将她装扮得更加美丽。她具有发展各项体育运动的自然条件,完全具备奥林匹克运动委员会在此栖身所需的一切。

　　1915年4月10日,皮艾尔代表国际奥委会,在洛桑市政厅与当地政府签署了正式协议。作为对洛桑在战争期间慷慨接纳他们的回报,皮艾尔表示,将把洛桑发展成为奥林匹克运动的"首都"。

　　1915年夏天,皮艾尔辞去了在巴黎陆军部的翻译工作,与妻子以及儿女一同来到了洛桑。他们定居在了国际奥委会总部旁边的一栋别墅里,总部和他们住的房子都是瑞士朋友慷慨送给皮艾尔的。

举办安特卫普奥运会

　　洛桑是一个风景秀丽的优雅小城,它坐落在碧波浩渺的日内瓦湖畔。由于之前皮艾尔一家一直都身处和平的环境,皮艾尔既没有出任公职,也没有经商,妻子更是一直都在家里照料一双儿女,没有任何额外收入。

　　因此,战争爆发后,大批大批的难民开始不断地拥入瑞士,以至于抬高了瑞士原本就不便宜的物价。所以皮艾尔一家经济状况也变得每况愈下,他们不得不靠变卖妻子的首饰艰难度日。

　　到1917年,皮艾尔一家的经济状况更是捉襟见肘。于是,皮艾尔和妻子经过商量后,委托国内的亲友把他们在巴黎乌迪洛街的房子折价变卖给了别人。后来,皮艾尔一家依赖这笔钱维持基本生活以及国际奥委会的日常开销。

这一年,皮艾尔还自己出钱出版了西班牙文编写的名叫《什么是奥林匹克运动》的小册子,这本书是面向拉丁美洲发行的。它的语言通俗易懂,并准确地阐述了奥林匹克运动的基本概念,这对拉丁美洲居民正确理解奥林匹克运动提供了非常大的帮助。

尽管当时的欧洲大陆混乱不堪,但是皮艾尔仍然没有停止自己推进奥林匹克运动发展的步伐。他常常在日内瓦湖中乘船游荡,或者是在湖畔的林间散步,看似悠闲,但是他的心中却时刻思考着奥林匹克运动的命运。

皮艾尔一直都坚信,血的教训将促进人们的深刻反思,奥林匹克运动蕴含的和平思想也一定会发扬光大。他期待着在开幕式上升起奥林匹克圣火、落实运动员宣誓、五环旗高高飘扬的那一天早日到来!

1917 年 11 月 7 日,俄国十月革命爆发了。两个帝国主义战争集团从这个工农新国家崛起于战火看到了对自己的威胁,开始考虑结束战争。1918 年 11 月 8 日,德国外交大臣率领德国代表团登上法国元帅福熙的列车乞求停火。随后召开了巴黎和会,签订了凡尔赛和约,第一次世界大战宣告结束。

第一次世界大战给国际奥林匹克运动带来了不计其数的伤害:柏林奥运会被迫取消;各国大大小小的体育场也全都在战争

的摧残下变成了废墟；成百上千的各国运动员宝贵的运动生命遭受到了威胁。据不完全统计，至少有32名参加过奥运会的选手战死，其中还有16人获得过奥运会奖牌。

奥林匹克运动百废待兴，皮艾尔邀集了国际奥委会委员和各国奥委会的负责人，开始了恢复奥运会的艰难工作。在1914年的体育代表大会上，比利时的安特卫普和匈牙利的布达佩斯就被确定为主办1920年第七届奥运会的候选城市。

第一次世界大战结束后，1918年的大会上，奥委会的委员们和各国奥委会负责人劫后重逢，百感交集。大家彼此之间嘘寒问暖的感人情景，给劫后重生的代表大会带来了无限暖意。

大会上，大家全都诉说着战争带来的巨大损失以及人民的艰难生活，他们对两年后的奥运会能否顺利举办表现出了怀疑。但是，以皮艾尔为首的促进派态度却非常坚定，他们认为奥林匹克运动一定会克服巨大的困难，于1920年继续举办第七届奥运会，并最终决定将举办城市定为安特卫普。

这时，比利时委员兼国家奥委会主席的巴耶·拉图尔承诺一定会竭尽全力，使奥运会在安特卫普如期举办。安特卫普是比利时最大的港口和重要工业城市，这里是欧洲的钻石加工、金融贸易中心和交通枢纽以及绘画雕刻和旅游观光都非常出名的历史文化名城。但是，世界大战中德军的入侵给这座城市却带来了灾难性的破坏。

幸好在皮艾尔和巴耶·拉图尔的指导和督促下，比利时上下才能齐心协力，克服了种种困难。于是，仅在短短的一年中就建成了一等的比赛场地和设施,田径场第一次采用了周长 400 米的跑道,后来国际奥委会宣布,建有 400 米跑道的体育场为主办奥运会的必备条件。

1920 年 4 月 20 日至 9 月 12 日,第七届奥运会在安特卫普如期举行了。8 月 14 日下午,比利时国王宣布开幕后,由皮艾尔亲自设计的奥林匹克五环旗冉冉升起,一群象征着和平的鸽子腾空而起,在体育场上空盘旋。为了悼念在第一次世界大战中牺牲的协约国将士们,运动场上升起了象征胜利和光明的火焰。

入场式、开幕致辞、合唱、放飞和平鸽、鸣礼炮……一切都按从斯德哥尔摩奥运会传承下来的仪式进行。人们从那届奥运会就已经开始理解奥运会的追求和平的意义。

安特卫普奥运会鲜明地表现出,在战乱结束后,奥运会是怎样毫发无损地恢复了原样,那些折桂的选手们是怎样继续以青春的活力实现着他们的体育抱负。晚上,国王和王后在王宫专门宴请了国际奥委会的委员们,后来又举办了一个盛大的招待会。会后,王公大臣们才返回布鲁塞尔。

在安特卫普奥运会期间,安特卫普市的政治、民事和军事当局对本次奥运会表示了深切关注。整个安特卫普市都焕然一新:市中心通往运动场的道路上插满了奥林匹克旗;所到之处,随处都是奥运五环的标志和奥林匹克"更快、更高、更强"的格言;各地的庆祝活动接连不断,精彩纷呈;空中还不时飘来苏格兰军团富有异国情调的风笛声……

为了约束和避免某些运动员以不正当手段争得荣誉,1913

年由皮艾尔提出,原拟于1916年柏林奥运会举行的运动员宣誓仪式,从这一届开始实施,比利时运动员布安首次代表全体运动员宣誓:

> 我以全体运动员的名义,保证为了体育的光荣和我们运动队的荣誉,以真正的体育道德精神参加本届奥林匹克运动会,尊重并遵守指导运动会的各项规则。

1920年,共有29个国家的2591名运动员参加了安特卫普奥运会,其中女运动员已经达到了77名。阿根廷、摩纳哥、巴西、南斯拉夫、芬兰、捷克斯洛伐克和爱沙尼亚等国家都是首次参加这次比赛。

政治倾向在这届奥运会上留下了鲜明的烙印。国际奥委会取消了第一次世界大战中的罪魁祸首德国、奥地利、匈牙利和保加利亚等同盟国的参赛资格。由于受到西方国家右翼势力的影响,也没有邀请十月革命中诞生的第一个社会主义国家苏联参赛。

本届安特卫普奥运会增加了自由式摔跤、拳击、马球、橄榄球、举重、拔河等比赛项目。女子项目增设了网球3项游泳5项、花样滑冰2项和射箭、帆船各1项。比赛规则相对于之前的奥运会也做了一些改进。

美国射击选手李和意大利击剑选手纳迪各获得了5枚金牌。尽管大雨使田径场变成了一片泥泞,但是各国运动员们仍然不断刷新了8项奥运会纪录和4项世界纪录。

芬兰选手表现卓越,他们打破了美国人在田径场上的霸主地位,与美国一样都获得了9枚金牌。芬兰长跑名将帕沃·鲁米的成绩尤为突出,他分别获得了800米个人、800米团体和1000米3项冠军和500米亚军。芬兰最后夺取的金牌与英国持平,均为15枚,总名次排第四位。另一位英雄是美国女子游泳选手埃塞尔达布莱布特里,她包揽了女子游泳的全部3个冠军,并创造了3项世界纪录。

足球比赛是本届奥运会上最热门的一个项目,共有15支球队参加比赛,观众如潮,场面热烈。预赛中,挪威队以3∶1的成绩战胜了英国队,爆出大冷门。在捷克队与比利时队的决赛中,由于捷克队抗议裁判不公平而选择中途罢赛,因此金牌自然而然地归比利时队所有。

8月29日的闭幕式上,奥林匹克五环旗由空中缓缓降下,它被作为历史珍品由国际奥委会永久保存。后来,那些在每届奥运会上升起,然后等到奥运会结束后再移交给下一个主办城市的五环旗,都只是本届奥运会上五环旗的复制品。

由于正值战后经济萧条,门票较贵,再加上体育场离城区较远,因此大部分比赛的观众并不是很多。但是总的来说,在战后不久的困难条件下能够及时恢复了奥运会,并且本届奥运会开、闭幕式等仪式创造了多项第一次,为此后的各国奥运会都确立了规范,因此安特卫普可以说是功不可没。看着奥林匹克运动再次燃起了新的火苗,皮艾尔和同事们脸上多年的愁云终于消散了。

成功举办冬季奥运会

自古以来,北欧的各国人民为了适应严寒的北方气候以及生产生活的需要,都因地制宜地掌握了各种冰雪上的技能和活动。后来,这些技能和活动渐渐发展成了人们抵御严寒、强身健体的专门运动。早在 17 世纪中期,苏格兰的爱丁堡就开始盛行花样滑冰,芬兰也曾经在 1802 年举行过滑冰运动会。

由于希腊地处南欧的亚热带地区,气候温暖,有时候甚至非常炎热,因此古希腊时期的奥运会中并没有冰雪运动的项目。而且之前的历届现代奥运会都在天气暖和的季节举行,也没有冰雪项目。

然而,所有的冰雪运动在北欧国家、加拿大和美国却比较常见,而且冰雪运动的水平也相当高,一些中、西欧国家四季分明,爱好滑雪和冰上运动的也大有人在。后来,随着奥运会的声势和影响的不断扩大,越来越多人开始呼吁把冰雪类运动项目引进到奥运会中。

皮艾尔更是积极主张将各种冰雪项目引进下一届的奥运会中。其实早在国际奥委会刚成立不久,皮艾尔就已经考虑想要单独举办雪地和冰上运动的冬季奥运会,他也曾经在国际奥委会的会议中郑重地将自己的想法提出来,请大家认真讨论。

但是,皮艾尔的倡议遭到了瑞典、挪威等国家的坚决反对。

因为这些国家当时正在筹办冰雪项目的北欧运动会,因此他们认为完全没有必要再搞一个性质非常类似的冬季奥运会。

自 1901 年起,北欧运动会就每隔 4 年举行一次。因此,如果没有这些高水平的冰雪运动大国参加,皮艾尔幻想中的冬季奥运会一定很难吸引人,更不可能产生任何重要的影响。柏林曾经在获得了 1916 年奥运会主办权后,打算在黑森举办一次“滑雪奥运会”,但是却也因战争的爆发而未能如愿。

在 1908 年伦敦奥运会上,由于比赛持续到了 10 月底,因此为了应对寒冷的天气,奥运会首次设置了花样滑冰比赛,这一比赛的设立引起了许多人的浓厚兴趣。在 1920 年的安特卫普奥运会上,除了花样滑冰,还增加了冰球比赛。

安特卫普奥运会上的花样滑冰,以其赏心悦目的优美舞姿令观众叹为观止。由于各国的实力相当,所以当时的冰球比赛也非常激烈,比赛气氛一度陷入紧张和高潮之中,简直令观众目不暇接,直呼过瘾。就这样,花样滑冰和冰球比赛吸引了大批观众,这说明冰雪项目在人群中非常受欢迎。

后来,看到了冰雪项目在奥运会上的强大影响,北欧各国终于改变了之前强硬的态度,于是,冬奥会的举办再次被提上了议事日程。1921 年,国际业余田径联合会召开布拉格会议,瑞典、瑞士、挪威、法国、加拿大等国的代表顺便讨论了举办冬季奥运会的问题,并提出了初步的筹办方案。

在第二年国际奥委会巴黎全会上,皮艾尔再次竭力说服了那些反对者,主张抓住有利时机尽快举办冬季奥运会。这一次,

他的努力终于没有白费,全会决定在1924年年初,夏季奥运会之前举办冰雪项目比赛。

但是,这次的冰雪项目比赛并没有采用奥运会的名义,而是被称为"第八届奥林匹亚德国际体育周"。就这样,1924年的第八届奥运会已经确定由巴黎再次主办,而"国际体育周"的主办也一并授权给了法国。

法国小镇夏蒙尼是著名的疗养地和冬季运动中心,这里有着当时欧洲最大的滑雪场,因此这里才被选为"国际体育周"的承办地。后来,法国人又在这里新建了一个大型滑冰场。

1924年1月25日至2月4日,共有16个国家的294名运动员参加了本次体育周的各项冰雪项目的比赛,其中女运动员有13人。冰雪运动大国瑞典、挪威、芬兰、瑞士、奥地利、法国,以及加拿大和美国是本次体育周比赛国中的主要竞争对手。

而那些水平较低的英国、意大利、比利时、捷克斯洛伐克、拉脱维亚、匈牙利、波兰和南斯拉夫等国家也都以重在参与的态度积极参加了体育周的比赛。

本次比赛项目设有冰球、跳台和混合滑雪,18公里和50公里越野滑雪,4人有舵雪橇,男子速度滑冰分为500米、1500米、5000米、10000米和全能,花样滑冰包括男子单人、女子单人和男女双人,军事滑雪射击和冰上溜石也都被列为表演项目。

法国教育部部长维达尔接受皮艾尔的邀请,主持了本次国际体育周的开幕式。各国运动队员依照法文字母依次入场,作为东道主的法国运动员排在最后入场。运动员宣誓由一名法国运动员首先宣读誓言，各国派一名运动员复诵，使这一仪式更加庄重、严谨。

美国男子速滑运动员朱特劳获得第一枚金牌，其他 4 项速滑金牌都被芬兰选手捧走，图恩伯格一人获得了 1500 米、5000 米和全能 3 枚金牌，以及 10000 米银牌和 500 米铜牌。奥地利在花样滑冰的 3 项比赛中夺得两枚金牌，另获 1 枚银牌。

在冰球决赛中，加拿大队以 6∶1 的好成绩大胜美国队，获得了冠军。雪橇项目冠军被瑞士摘得。滑雪项目的 4 枚金牌和 4 枚银牌统统被挪威夺走，4 枚铜牌也只有 1 枚被芬兰选手获得，挪威显示了强大的霸主地位。

挪威选手豪格一人就夺得 3 块金牌，成为体育周最大的亮点，因此他被誉为"滑雪之王"。后来，挪威人民为了纪念他，在他的家乡德拉门还专门为他树立了一座纪念碑。

在这次冰雪运动比赛中，挪威、芬兰和奥地利取得了总名次的前三位。就这样，1925 年，国际奥委会布拉格全会正式承认了这次比赛的成绩和纪录，但是依然没有把它单列为冬季奥运会，而是把它作为巴黎夏季奥运会的一个特殊组成部分。

意外的是，会议秘书在记录中将此次运动会错写成了"第一届冬季奥运会"，从此以后这个叫法就传开了，成为约定俗成的称呼。国际奥委会无奈只好认可了这次运动会，并追认其为独立存在的第一届冬季奥运会。

国际奥委会还决定冬季奥运会与夏季奥运会一样，每 4 年举办一次，并且冬奥会与夏奥会为同一国家主办，时间在同一

年。后来，国际奥委会又放松了约束，规定冬奥会可以独立申办，不必与同期的夏奥会是同一个主办国。

1994年，为了减轻主办国的负担，国际奥委会一致决定冬奥会与夏奥会可以分别在不同的年份举办。由于冬季奥运会的计算与夏季奥运会不同，不包括柏林奥运会那样拟定而又取消了的届次，因此冬季奥运会可以按照实际举办过的届次计算。

法国夏蒙尼冬奥会的成功举办，使北欧运动会瞬间失去了发展势头，因此北欧国家也就不再继续举办冰雪项目的比赛了。由于皮艾尔的远见和不懈的努力，与古希腊奥运会相距甚远的冰雪项目，终于得以加盟奥林匹克国际大家庭，使奥运会的内容更加丰富和广阔，奥林匹克理想也终于可以如威武的雪鹰，振翅飞翔在晶莹剔透的冰天雪地之间。

早在1921年3月16日，皮艾尔就给各国委员写了一封信：

尊敬的同事们，我在此诚实地通报你们，在下一次全会上，我将吁请你们用投票权给我以支持，向阿姆斯特丹授予1928年奥运会的主办权，而由巴黎来承办1924年的奥运会！

同年6月2～7日，第七届奥林匹克代表大会暨国际奥委会全会在瑞士的洛桑举行。在这届大会上，国际和各国单项运动联合会的发言权、决策权得到了明显提高。皮艾尔认为，在奥林匹克运动发展初期，国际奥委会发挥了决定性作用，但是仅仅依赖国际奥委会单打独斗并不是一个长久之计，尽管后来各国奥委会也积极参与领导和管理，但是仍然显得力量薄弱。

因此,让国际及各国单项运动联合会充分施展各自的业务和技术专长,增加它们的权力、责任和义务,这样既可以减轻国际、各国奥委会的负担,也能进一步调动体育界广大人士的积极性。这样分工更明确,责任更清晰,决策更科学、民主,因此办事效率也得到了提高,还能相互监督,避免形成不透明的垄断性权力体系,滋生腐败。

洛桑全会还重点讨论了第八届奥运会的主办。其中,申办城市有法国的巴黎、荷兰的阿姆斯特丹、西班牙的巴塞罗那、美国的洛杉矶、捷克的布拉格以及意大利的罗马。其中,将奥运会的主办权交给阿姆斯特丹的呼声是最高的。

但是,1924 年正好是现代奥林匹克运动诞生 30 周年,巴黎作为它的诞生地应当给予特别考虑。如果奥运会和 30 周年庆祝活动同时同地举行,将更有利于扩大奥林匹克运动的影响。

于是,国际奥委会最终同意了皮艾尔的想法,决定由巴黎主办 1924 年的第八届奥运会,而由阿姆斯特丹主办 1928 年的第九届奥运会。就这样,巴黎成了第一个再次主办奥运会的城市。

1922 年,皮艾尔出版了专著《体育教育学》。里面介绍了奥林匹克运动是如何在经过 20 多年的起伏发展和战争的严峻洗礼后,变得更加具有时代的特点。这时的皮艾尔虽然已经年近花甲,但是他的眼光却变得更加明亮,思想也变得更加深沉,他还在此书中提出了一些新的创见,并且原先涉及的主题和主张也得到了拓展和创新。

再次举行巴黎夏季奥运会

尽管奥林匹克运动已经诞生了近30年,但是一些弱国、小国以及殖民地国家仍然很少参与奥运会,尤其是中国这个东方大国在奥运会的缺席名单中格外显眼。

而且,除了埃及和南非会偶尔参加运动会外,非洲的其他国家几乎从来没有出现在奥林匹克的大家庭中。因此,如何打破体育运动仅仅只属于少数富国、强国的特权和定势,让那些穷国、弱国的体育运动同样也能得到发展,成了皮艾尔后来着重思考的一个重大问题。

直到1922年,经过皮艾尔的提名后,中国著名的体育领导人王正廷才终于当选为国际奥委会的正式委员。王正廷是浙江奉化人,曾经在美国留学,在耶鲁大学获得了博士学位,还担任过民国政府的参议院副议长、外交总长、代理内阁总理等要职。

王正廷主要是一位政界人物,同时作为全国性体育组织和国内外历届重要赛事的发起者和赞助人,在中国和远东体育界都享有盛名。他是中国第一位也是东亚第二位国际奥委会委员。

后来,王正廷还曾经一度出任国民党政府的外交部长和驻美大使,并长期担任中华体育协进会负责人,率领中国代表团参加了第11届和第14届奥运会。

在1923年的全会上,皮艾尔就弱国、小国以及殖民地国家参与奥林匹克运动发表了重要讲话。他指出，无论国家底子多么薄弱，基础条件多么简陋，应对日常生活的挑战有多么困难，但是在这些国家人民中间推广体育运动都是不可忽略、不可拖延的大事。

皮艾尔还特别提到了非洲，他大声呼吁非洲殖民地国家政府、宗主国和非洲各国的有识之士，尽快行动起来，克服一切重重困难，尽快开展奥林匹克体育运动。

尽管皮艾尔的呼吁在当时并不是非常现实，但是却反映了他最初的体育理想，那就是不分国家和民族、无论贵贱贫富，都应当平等地享有参与体育运动的权利，从中受益。

世界大战后，德国在美国和英国纵容下，一再拖延对法国的赔款，导致法国经济重建的资金和各种原材料严重不足，经济恢复进展缓慢，通货膨胀急剧上升，法郎与英镑、美元比价持续走低。

于是，富人们为保值，大量购买土地、别墅、珍宝和艺术品，而那些工人们却因工厂不能正常开工领不到工资，生活十分窘迫。后来，尽管具有卓越外交才干的白里安出任了法国总理，但是他对通货膨胀仍然束手无策，因此法国弥漫着群众的不满情绪，以至于本届巴黎奥运会看来并没有什么生机和活力。

好在这一次，法国政府对奥运会非常重视，他们还组成了工作能力非常强的筹备委员会，并成立了政府协调小组。全国进行了广泛的宣传和动员，后来终于筹集到了400万法郎的捐款，得以在巴黎郊区科龙布新建了可以容纳6.5万名观众的大型体

育场。

体育场地的中间是足球场和田径场,跑道增加到了500米,还首次铺上了砖粉制成的红色炼渣,十分醒目漂亮。整个体育场甚至被认为是一个伟大的杰作,因此颇受好评。体育场旁边还首次兴建了供运动员住宿的奥运村,一排排清新的小木屋中,每个房间有3个床位,还带有卫生间和淋浴设备。法国的这一措施为后来兴建奥运村开了先河。

法国奥林匹克运动30周年大型庆祝活动的一切准备工作同时展开。皮艾尔没有忘记1900年的巴黎奥运会,当时因为信息闭塞、交通不便而造成观众稀少的教训。

于是,在他的提示和督促下,筹委会除了印制参赛资格、规则说明,还提前印发了大量观赛指南,包括赛程、场地与乘车线路,不太普及的运动项目简介,旅馆和法郎兑换处。指南有法文、英文、西班牙文、德文、意大利文等,向观众和游客免费发放。

法国组委会要求各个国际单项运动联合会提供比赛规则,负责各项比赛的进行。由于当时收音机在欧洲各国已经相当普及,并且在1921年7月2日,世界职业拳击重量级锦标赛上也第一次进行了无线电现场转播。

于是,巴黎广播电台突发奇想,本届奥运会将现场直播奥运会的足球决赛。听到这一消息,所有国内外的球迷们全都欢呼雀跃。因为大多数人毕竟不可能去现场看球赛,因此有了电台直播节目,他们就可以坐在家中,在第一时间了解比赛实况和结果了。

　　终于,24年前那个饱受忽略怠慢、完全被博览会淹没的第二届巴黎奥运会,终于无法与这一届巴黎奥运会的组织和筹备工作相提并论了,因为这一届的奥运会随处可见创新的景象,有不少可圈可点之处,因此,本届奥运会在国内外都受到了广泛的欢迎。

　　第八届巴黎夏季奥运会于1924年5月3日至7月27日举行。共有44个国家和地区的3075名运动员参加,女运动员达到了136人。其中,爱尔兰、波兰、罗马尼亚、菲律宾、墨西哥、乌拉圭和厄瓜多尔都是首次参赛。由于德国自动放弃了本届奥运会的参赛资格,因此观众更是大幅增加。

　　在7月5日下午的开幕式上,皮艾尔夫妇旁边的法国总统杜马古宣布大会开幕,奥林匹克五环旗升起,交响乐团奏法国国歌《马赛曲》,放飞和平鸽。各国运动员以法文字母为序列队入场并绕场一周,奥地利为首,东道国殿后。各国旗手站成半圆形,法国田径运动员安德雷代表全体运动员宣读了誓词。

　　本届奥运会取消了射箭和曲棍球两项比赛,冰球、滑冰等项目已在3个月前的冬奥会比赛过,因此也没有被列入本届奥运会的比赛项目之中,最后确定本届奥运会的比赛项目为19种133项,其中田径比赛仍然占据了重要地位。

　　上届奥运会上获得3项径赛冠军的芬兰长跑名将鲁米,本届再次大放光彩。他接连获得1500米、5000米、10000米、越野赛4枚个人金牌和3000米团体金牌,创造了田径场上的一大奇迹,在观众中激起狂潮,报界甚至把这届奥运会称为"鲁米运动会"。

另一个从美国归来的芬兰选手利托拉,也在田径场上屡次夺金。就这样,北欧小国芬兰再次成为一直都稳居不下的美国的强劲对手,芬兰所获的田径类金牌仅仅比美国少2枚。

美国游泳选手魏斯米勒,夺得100米、400米和4×200米接力赛的3项冠军。他的100米自由泳仅用了59秒,是世界上第一个成绩在1分钟以内的运动员,甚至在此之后10年之间都无人可以打破这个纪录。

足球比赛有22支球队参加,是历届奥运会中参赛人数最多的。首次参赛的乌拉圭队技艺高超,大爆冷门,预赛中以7:0的完美成绩淘汰了欧洲劲旅南斯拉夫队,令欧洲足球强国全都大惊失色。后来,乌拉圭人一路斩将过关,顺利进入了最后的决赛。决赛的结果是乌拉圭人不负众望以3:0的成绩大胜瑞士队,获得了最后的金牌。

最后,美国、芬兰和法国名列奖牌前三位,英国、意大利和瑞士进入前六名。这一次,3名中国网球运动员首次出现在了这届奥运会上。但是他们并不是由中国正式选派参赛的,而是在澳大利亚参加戴维斯杯网球比赛后,自行去法国参赛的。可惜最后他们的比赛成绩欠佳,在预赛中就被淘汰了。

本届奥运会举办了第三届奥林匹克文艺比赛,本次比赛中希腊画家迪米特里阿迪斯的《芬兰铁饼运动员》获得了金牌。本届奥运会期间还举行了国际奥委会第23次全会,本次大会重点讨论了女性选手参加奥运会的问题。

其实,女性选手已经在往届的奥运会上多次参赛,但是如果得到了奥运会最高管理层的正式认可，女运动员参赛合法，将会大大促进妇女的普遍参与。

然而，皮艾尔却在会议上坚持自己的看法，他认为妇女的身体条件和心理特征决定了她们不适合进行体育比赛，即使参加奥运会，她们也应该参加那些舒缓、柔美的项目，例如体操、花样滑冰、网球等。因此那些注重大力量、与对手间身体激烈碰撞的运动，应禁止设立女子项目。

可是，大多数委员尽管非常敬重皮艾尔主席，但是却不赞同他的这一意见。他们主张放宽限制，允许女运动员参加更多比赛，具体项目则应该根据女子运动发展水平逐步增加，如果有实在不恰当的项目也可以取消。

由于国际奥委会实行少数服从多数的民主表决制度，所以皮艾尔等少数人的反对无效。于是，鼓励妇女更广泛地参加奥运会的决议得以通过，该决议为奥运会的女子高水平比赛开辟了道路，对促进各国妇女积极参加体育运动具有重要的历史意义。

最后，第八届巴黎奥运会的举办相当圆满和成功，因此上一届巴黎奥运会留下的坏口碑也全都由此消除了。本届奥运会终于为巴黎、为法国，也为国际奥委会主席皮艾尔挽回了名誉，为奥运会的继续发展奠定了坚实的基础。

第五章

忧虑的晚年

辞去国际奥委会主席职位

1925 年 5 月 29 日至 6 月 4 日,第八届奥林匹克代表大会在捷克的首都布拉格举行,这是皮艾尔以主席身份参加的最后一届大会。同时,在布拉格举行的还有首届国际教育奥林匹克代表大会,主要就"青年参与竞技比赛"以及"运动员保健"问题做出了 9 项决议,内容涉及促进妇女体育、公平竞争、发展大学体育运动、呼吁体育记者加强体育教育报道等。

多年来的各地奔波和繁重的事务,尤其是世界大战带来的打击和磨难,都令皮艾尔心力交瘁,再加上战争后他又为振兴奥林匹克运动而做出的一切努力,都令这个已经上了年纪的老人身体有些吃不消了。

之前安特卫普奥运会的成功举办,让皮艾尔觉得终于可以卸下肩上的重担了。可是 1921 年 3 月 21 日,当皮艾尔决定辞去国际奥委会主席职务之时,随后又面临巴黎再次主办奥运会,因此所有同事们都希望他推迟退休时间,于是皮艾尔只好同意到巴黎奥运会以后再退休。

后来,布拉格大会的最后一天,62 岁的皮艾尔终于以身体健康欠佳为由,宣布辞去主席一职,并提议由巴耶·拉图尔继任国际奥委会主席。由于所有委员们都想挽留皮艾尔,因此在第一次选举时,巴耶·拉图尔没有获得通过。

看到这样的情形,皮艾尔在随后的发言中坚持让位,并希望大家支持巴耶·拉图尔上任。后来在第二轮选举时,巴耶·拉图尔终于获得了多数票,当选为国际奥委会的新主席。

皮艾尔在任近30年之内,成功地举办了7届夏季奥运会和1届冬季奥运会,成员国也由原来的14个发展到了45个,在这期间,还有20多个国际单项运动联合会也相继成立。

奥运会和奥林匹克运动虽然曾经一度被席卷各国的世界大战吞没,但是最后却顽强地保留下来,并且战后进一步在国际上扩大了影响。这虽然是许多国家和无数人士共同努力的结果,但是任何人的贡献都远远比不上皮艾尔的付出。

同事们对皮艾尔在担任国际奥委会主席的29年中,为发展壮大奥林匹克事业所做的卓越贡献无不给予高度评价。如果没有他的坚持和努力,奥林匹克运动也许仍然停留在人们的幻想之中。后来,委员们一致推举皮艾尔担任国际奥委会的终身名誉主席,对奥林匹克运动继续给予重要指导。

在告别演说中,皮艾尔重点谈到了运动员的职业化。他语重心长地告诫大家:

> 古代奥运会的衰亡,外来统治者的强令禁止只是给了最后一击。早在那以前,日渐频繁的城邦战争已经使奥运会的举办越来越困难。赛场内外的腐败,运动员为追逐个人家族名利而逐步职业化,使奥运会受到了很大伤害……

在皮艾尔演说后,同事们依次走上主席台,与这位备受尊敬和拥戴的"主席先生""巴黎绅士"握手拥抱,许多人都热泪盈眶,皮艾尔的眼睛也湿润了。

国际奥委会的第三任主席是巴耶·拉图尔,1876 年出生在比利时一个贵族家庭,从小就非常热爱运动,长大后毕业于名校卢万公教大学,成了一位非常知名的社会活动家。

1903 年,巴耶·拉图尔当选为国际奥委会委员,次年筹划成立了比利时国家奥委会,并筹办了 1905 年 6 月在布鲁塞尔召开的第三届奥林匹克代表大会。他是 1908 年、1912 年奥运会比利时代表团团长。

战后,巴耶·拉图尔又出任比利时国家奥委会主席,努力促成战后首届奥运会如期举办。他在相当艰苦的条件下,仅仅在一年多的时间里就领导完成了奥运会繁杂的筹备工作,使安特卫普奥运会得以成功举办。

在国际奥委会中,巴耶·拉图尔长期担任常务主任,他对奥林匹克运动的忠诚、热忱和杰出的组织才干,得到了大家公认,受到普遍的尊敬和拥护。

1925 年,国际奥委会和一些国际知名人士,分别向诺贝尔奖评选委员会提名,推荐皮艾尔参选当年的诺贝尔和平奖。因为随着奥运会影响不断扩大,皮艾尔很有希望获得和平奖。

然而,一向淡泊名利的皮艾尔却婉言谢绝了本次参选。于是,他谦虚地致信诺贝尔和平奖委员会说,虽然他从不否认奥林匹克运动对促进国际交流、增加和平机会所带来的积极作用,但是在之前的世界大战中,许多个人和组织也都为防止或终止战争做出了

更直接的努力，并且战前战后为国际和平事业奔走不停的人也有很多，所以他不能在这些人还没有得到和平奖之前攫取应该属于他人的荣誉。

皮艾尔还要求委员会不必考虑对他的提名，于是诺贝尔和平奖委员会只好尊重了他的意愿。这一年，诺贝尔和平奖由美国前副总统道威斯和英国前财政大臣张伯伦分享，他俩分别主持制定了协助战后德国赔款的"道威斯计划"和帮助欧洲重建的"洛迦诺公约"。几年以后，当法国政府准备授予皮艾尔体育教育勋章时，他仍然谢绝了。因为他历来都把做事看得很重，把功勋看得很轻。

皮艾尔一直希望加强国际教育界的合作发展。1925 年 11 月 15 日，他牵头成立了世界教育联盟基金会。第二年 4 月召开会议，正式开始工作。他觉得自己在奥林匹克运动方面的领导工作已经完成，转而把促进国际教育界的协作发展作为退休后的主要事业。

然而，不同国家之间教育界存在的差异和遇到的各种问题，远比体育界要复杂得多，因此赞同他那超越民族、国家之间不同政治立场、意识形态的教育新理念、新主张的人寥寥无几，所以他在教育界的工作很难推进。

退休初期，皮艾尔埋头于历史的研究与写作之中。早在战争时期，他就开始写一部世界史。1925 年秋冬和 1926 年全年，他一头扎进图书馆和书房，沉浸在浩如烟海的各种史籍和他做的资料摘要中。

这一期间,皮艾尔每天都要工作十几个小时,甚至到了废寝忘食的地步。但是由于经济十分拮据,他不能保证写作的正常进行,更无力支付昂贵的出版费用。后来,在得到法国政府和世界教育联盟的赞助后,一部上百万字的巨著《世界史》才得以顺利完成并在 1927 年出版。

这部《世界史》结构宏大,视野广阔,史料丰富,展现了皮艾尔渊博的学识和过人的才华。《世界史》不仅概括了漫长的历史,也对未来做了大胆的预测和猜想,因此这部著作对殖民地国家的进步和发展有着很大的影响。在《世界史》中,皮艾尔这样写道:

> 共产主义将在中国传播,殖民主义将完结,非洲国家将获得独立。世界将看到阿拉伯人重新成为过去那样强大的民族。

《世界史》出版后,引起了法国史学界和教育界的极大重视,还成了法国各地师范学院的历史教材。1927 年 4 月 17 日,希腊政府为了纪念皮艾尔复兴奥运会的功绩,在奥林匹亚为其树碑。皮艾尔应邀出席了揭幕仪式,还发表了重要的书面讲话《致各国青少年运动员书》。他说:

> 当今世界,充满发展的极大可能,但同时也存在着危险的道德败坏,奥林匹克精神能建立一所培养情操高尚与心灵纯洁的学校,也是锻炼身体力量和耐力的学校,但这必须在进行强化身体练习的同时,不断加强荣誉观念和运动员大公无私的条件下才能做到。

在希腊访问期间,皮艾尔向他的朋友、雅典大学体育系主任赫里萨菲斯谈到,想建立一个奥林匹克运动的学术机构。由于希腊国家奥委会当时也正想研究、推广古典奥运会的教育价值,于是委托皮艾尔和赫里萨菲斯筹建国际奥林匹克学院。

受此鼓舞,1928年,皮艾尔再次发起成立国际体育教育联合会。皮艾尔本以为在这个相对狭小的领域中,所有人应该很容易达成共识。谁知依然矛盾重重,阻力很大,因此身心疲惫的皮艾尔不得不放弃了自己的想法。后来,赫里萨菲斯又丢下酝酿中的学院筹建计划去世了,再加上此时的皮艾尔年事已高,精力不济,这事就搁置起来了。

直到20世纪40年代末,国际奥委会授权希腊奥委会再次启动了筹建工作。这次的筹建工作由皮艾尔的一个德国朋友和赫里萨菲斯的一个学生具体负责。1961年夏天,国际奥林匹克学院在奥林匹亚宣告成立。学院以研究和普及奥林匹克文化为宗旨,开展多种多样的活动。

1928年2月11～19日,第二届冬季奥运会在阿尔卑斯山冰峰环抱的瑞士小镇圣莫里茨举行。本届奥运会共有25个国家的464名运动员参赛,女运动员比上届增加了一倍。由于上届冬奥会的影响,冰雪运动得到了进一步的普及,运动水平也有了很大的提高,因此大多数项目比赛的竞争性和观赏性都大大增强了。

1928年5月17日至8月12日,第九届夏季奥运会在荷兰首都阿姆斯特丹举行。37岁的荷兰建筑师维尔斯设计的主体育场,给人们留下了非常深刻的印象,还获得了本届奥运会艺术比赛的建筑奖金牌。

在本届阿姆斯特丹的奥运会上,共有 46 个国家的 2971 名选手参加,女选手的人数已经增加到了 290 人。这一次,连续两届都缺席的德国人终于重返本届奥运会。

7 月 28 日的开幕式上,宣读了皮艾尔热情洋溢的贺信。会场内鸣放礼炮,编队飞机飞越体育场上空。场内一侧的一座高塔上,火焰熊熊燃烧,直到奥运会结束。火种第一次从希腊的奥林匹亚用聚光镜采集而来,途经希腊、南斯拉夫、奥地利和德国送到阿姆斯特丹,这是本届组委会的一大创举。

从奥林匹亚采集火种,沿途传递至奥运会现场,在整个会期点燃"奥运圣火",正是皮艾尔多年来的殷切希望。运动员入场仪式由希腊队领头,东道国阿姆斯特丹殿后,各国运动员按东道国文字字母次序排列,这种方式一直沿用到后来。

当时在美国斯普林菲尔德学院留学的中国学生宋如海,受中华全国体育协进会的指派,以观察员身份出席了这一届奥运会,这是中国首次正式派人出席奥运会。

这届奥运会与之前奥运会最大的不同之处,就在于它首次出现了商业赞助。可口可乐公司向美国队提供了上千箱饮料,荷兰政府也把开幕式的摄影权出售给商家,荷兰商人还擅自把奥运五环标志印在衬衫、领带上,作为纪念品出售。

后来,发表文章和讲话成了退休后的皮艾尔指导、关心奥林匹克事业的主要方式。1928 年 11 月 7 日,他在洛桑大学发表了

《体育活动的教育作用》的演说；1929年3月6日，在国际奥委会巴黎全会上发表名为《奥林匹亚》的重要讲话；1930年5月9日，在日内瓦大学的国际奥委会全会上，通过了皮艾尔起草的《体育改革宪章》……

皮艾尔在20世纪20年代末期开始撰写的《奥林匹克运动回忆录》既是他个人奋斗历程的回顾，更是现代奥林匹克运动几十年来艰难曲折的创业发展史，因此对于这部作品，皮艾尔的朋友们以及那些关切奥林匹克事业的人都给予了很高的期待。

出版《奥林匹克运动回忆录》

1929年10月，美国纽约华尔街的股票暴跌导致股市崩溃，因此在美国引发了来势凶猛的经济危机，很快便殃及了欧洲，以至于英国和德国也都被迅速扯进了这次危机的急流之中。

法国在连续两年创造了战后经济增长最强劲的繁荣局面后，也随着激流一头栽进了险恶的旋涡。于是，欧洲各国大批银行和企业纷纷破产倒闭，失业者与日俱增，从政府到社会各个阶层，无不焦头烂额。

瑞士的支柱产业银行业和旅游业遭受到了沉重的打击，经济十分萧条，人民生活困难。本就拮据的皮艾尔一家更是雪上加霜。他们餐桌上的食品变得越来越差，就连在冰天雪地的冬天，夫妇俩连添置棉衣和被褥的钱都没有，房间里冷得像冰窖一样。但是,尽管条件如此艰难,皮艾尔仍然未停止自己回忆录的写作。

1931 年,皮艾尔的《奥林匹克运动回忆录》终于在瑞士日内瓦出版了。收到新书后的皮艾尔激动万分。一连几天,他都在扉页上亲笔题词。

皮艾尔将自己的新书第一个就送给了和自己多年并肩战斗在风雨之中的同事们和国际奥委会图书馆。后来,各国奥委会、希腊王室与政府、各国首脑政要以及一些著名运动员、教练和裁判也相继收到了皮艾尔的赠书。

对于现代奥林匹克运动,没有任何人比皮艾尔更有资格发言,也没有任何人比他掌握的第一手资料丰富和全面,因此他的思考比别人都深入,各国图书馆、大学和体育联合会全都纷纷抢订他撰写的这部珍贵的回忆录。

对皮艾尔来说比较幸运的是,空前严重的经济危机并没有影响到奥运会的如期举办。1932 年 2 月 4 ～ 15 日,第三届冬奥会在美国小镇普莱西德湖举行。虽然路途遥远、旅费高昂,参加国和运动员也比上届减少,但是由于奥运会的组织工作十分得当,所以本届奥运会的比赛依然十分精彩。

这一年的 7 月 30 日至 8 月 14 日,第十届夏季奥运会在美国洛杉矶举行。洛杉矶早在 1919 年兴建大型体育场时,就考虑到了举办奥运会的需要,而且国际奥委会也早在 1923 年就决定把第十届奥运会的主办权交给洛杉矶。因此洛杉矶有充分的准备时间,在经济危机爆发前已将大部分的筹备工作准备就绪。

本届洛杉矶奥运会的赛程十分紧凑,只有16天。奥运会第一次将奥林匹克的五环会旗插在各个比赛的场馆中,还悬挂在交通要道。

这届洛杉矶奥运会上,中国第一次派出代表团正式参赛,但是运动员只有刘长春一人。然而,由于旅途劳顿,再加上准备不足,刘长春最终没能发挥自己的实际水平,在100米和200米预赛中落选了,又因体力不支放弃了400米比赛。尽管开头有些不顺,但这是中国参加奥运会的开端,更是中国体育发展的开端。

20世纪30年代初期,在灾难深重的经济、政治、社会危机的搅动下,20年代发端的法西斯主义运动乘势而起。在德国,以希特勒为代表的法西斯右翼势力利用战后巴黎和约对德国的种种惩罚和限制,一直在兴风作浪,极力煽动对法国、英国等国的仇恨情绪,纳粹法西斯势力急剧膨胀。

看到战争乌云再次在欧洲上空聚集、翻卷。皮艾尔十分担忧,他感到自己负有阻止战争爆发的重大责任。当时,申办1936年第十一届夏季奥运会竞争最激烈的城市就是巴塞罗那和柏林。德国的运动水平比其他申办国高出一大截,而且柏林的体育设施和城市基础条件更加完善,再加上德国政府积极表态说,一定会把奥运会办得比以前任何一届都成功。所以皮艾尔竭力主张由柏林来承办下一届夏季奥运会。

而当时巴塞罗那政治、社会局势动荡不安,以至于在巴塞罗那举行的国际奥委会全会上,多达17名委员不能到会,所以,巴塞罗那和柏林的社会环境形成了强烈的反差。皮艾尔和委员们便把第十一届夏季奥运会的主办权交给了柏林。那时希特勒还没有掌握德国的最高权力,纳粹德国的政治面孔还不像后来那么狰狞可怖。

1933 年,皮艾尔出版了个人文选《顾拜旦文选》。几十年来,他除了奥林匹克事业的领导工作,还勤奋写作,先后出版了 30 本专著、50 本小册子和 1200 多篇文章,其中内容涉及体育学、教育学、心理学、历史、哲学、美学等许多方面。

《顾拜旦文选》是由皮艾尔本人精挑细选,集中了从学生时代直到退休以后整理编辑而成的作品。当年已经 70 岁的皮艾尔捧着刚刚出版的《顾拜旦文选》时,激动万分,以至于花白的发须都不住地抖动。和《奥林匹克运动回忆录》一样,《顾拜旦文选》同样成了奥林匹克运动的权威文献,在国际体坛引起了热烈反响。

1933 年 1 月,希特勒在德国登台后,开始变本加厉地推行备战扩张政策。希特勒本来对奥运会毫无兴趣,他还蔑称奥运会为“由犹太人支配的丑恶集会”。因此他当上总理后,曾想拒绝主办已经授权给德国的奥运会。但是,在柏林组委会主席雷瓦尔特等人的劝说下,他的态度发生了巨大转变,他反而想利用奥运会达到自己邪恶的政治目的。

就这样,在希特勒的授意下,德国人开始对奥运会的筹备工作十分上心。国库立刻拨款 2000 万马克,用花岗石、大理石修建了一座能容纳 10 万名观众的新颖壮观的主体育场,还有 2 万个座位的游泳池和体操馆,甚至修建的运动员村都要比洛杉矶的

更豪华。

1934年11月，皮艾尔一家从日内瓦湖北岸的洛桑搬到了西南岸的日内瓦，这是他最后的居住地。尽管搬了家，但是依然没有改变家庭贫困的现状。后来在1935年写下的遗嘱里，已经72岁的皮艾尔还谈到了自己和家庭的艰难处境。但是他从来没有后悔放弃从军、从政等有保障的富贵之路，更没有后悔过将一半家产捐献给奥林匹克事业。

这一年8月，皮艾尔在洛桑接受柏林电台的采访时，发表了题为《现代奥林匹克运动的初创宗旨》的讲话。他说：

> 休战思想是奥林匹克精神的又一个基本特点……让世界各国人民相互热爱的想法是天真幼稚的，但是让世界各国人民相互理解和尊重，却并非乌托邦的幻想。

在此期间，经过瑞士国家奥委会委员的一致建议，1936年7月，在皮艾尔从事教育改革活动50周年之际，成立了皮艾尔·德·顾拜旦基金会。

1934年，国际奥委会在雅典决定，在以后的所有奥运会期间，从开幕到闭幕，主体育场都要燃烧奥林匹克圣火，火种必须采自希腊的奥林匹亚。所以，在柏林奥运会上，第一次采用了人员接力的方式传递圣火，活动规模空前，距离长达3015公里，穿越南欧、中欧和西欧数百个城镇和乡村，大大扩展了奥运会的影响。

因心脏病去世

1936 年 8 月 1 ~ 16 日,第十一届夏季奥运会在柏林举行。此时的皮艾尔仍然对奥运会推动和平、遏止战争寄予着莫大的希望。他还接受柏林奥组委邀请,出席了开幕式。但这是他最后一次亲临奥运会现场,也是他生前举办的最后一届奥运会。

为了炫耀德国的强大国力,制造和平与繁荣的假象,德国当局广发邀请,结果共有 49 个国家的 3908 名运动员参加,女运动员达到了 328 人,是历届奥运会中规模最大的一次奥运会。

德国人还首次对开幕式、闭幕式和重要比赛进行了电视实况转播,向 41 个国家进行了电台直播,国际奥委会名誉主席皮艾尔的讲话也通过电视屏幕和无线电波传向世界各地。

在本届奥运会上,第一届雅典奥运会的马拉松冠军、年近古稀的路易斯被推举为在开幕式上点燃圣火的人。希特勒当局企图借这届奥运会证明他们大肆鼓噪的"雅利安种族优越论",为属于雅利安人后代的德国征服"劣等民族"的侵略战争铺路。

本届奥运会上,德国派出 406 人的庞大代表团,还增设了许多德国选手有优势的比赛项目,尽量取消其他体育强国的强项。为此,他们还在裁判和赛程安排上煞费苦心,动员了 377 万人次的观众到场助威,力图垄断金牌,成为奥运会的绝对霸主。

德国在首次设立的手球比赛中夺冠,在体操赛艇、自行车、马

术、现代五项等比赛中也获得了一些金牌,最终以超过美国 1/3 金牌的显著优势,高居奖牌榜第一位。但是柏林奥运会的头号英雄却是美国黑人田径运动员杰西·欧文斯,他克服了赛场上的种种干扰,先后夺得了男子 100 米、200 米、4×100 米接力跑和跳远 4 枚金牌。

美国黑人选手约翰逊在选拔赛中创造了 2.07 米的男子跳高世界纪录,他在柏林奥运会上展示了新颖大胆的"俯卧式"动作,让观众和裁判印象深刻。他是世界上第一个掌握这项先进的跳高技术的人。美国代表团中的 10 名黑人田径选手共获得 7 枚金牌、3 枚银牌和 3 枚铜牌。他们的优异成绩,简直给了事先宣布黑人拿不到一块奖牌的希特勒当局一记响亮的耳光!

奥运会赛场上猛然刮起的黑色旋风,让希特勒变得暴躁不已,于是他开始出面干涉裁判的裁决,并以下雨地面湿滑为由,命令取消约翰逊和其他黑人选手的金牌。于是,欧文斯为避免遭到纳粹分子的谋害,不得不提前离开柏林回国。

本届马拉松比赛的金牌由朝鲜选手孙基祯获得。但是朝鲜正被日本占领,因此孙基祯是被迫代表日本参赛。所以在领奖台上,他的心情不是胜利的喜悦,而是钻心的痛楚。在听到日本国歌奏响的那一刻,他悲愤地低下了头,并用手掌遮挡住了胸前的日本国徽。

本次柏林奥运会的组织工作比较成功,有不少值得肯定的地方。但是,这届奥运会自始至终都受到了纳粹势力的控制,为德国法西斯的侵略计划起到了推波助澜的作用,并产生了非常恶劣的政治影响。

　　不幸的是,在柏林奥运会刚刚结束仅3年的时间,纳粹德国就发动了大规模的侵略战争,给多国人民带来巨大的灾难。看到这一切,皮艾尔内心深受煎熬。这一届的"纳粹奥运会"对于晚年饱受心脏病折磨的皮艾尔来说,简直就是一个极其沉重的精神打击。所以他的心情更加忧伤,病情也就越来越重了。

　　从1915年起,皮艾尔在瑞士洛桑生活了19年。在此期间他兑现了当初的诺言:

　　　　把洛桑变成全世界奥林匹克运动的"首都"!

　　皮艾尔迁居日内瓦后,仍然受到洛桑人的敬爱和怀念。1937年6月22日,洛桑市政府授予了皮艾尔荣誉公民的称号。

　　1937年7月7日,日本对中国发动了全面的侵略战争。消息传到日内瓦后,皮艾尔悲愤交加。当时,1940年的第十二届夏季奥运会已经交由日本东京主办,即将举办的促进和平的奥运会仍然没能阻止邪恶的战争(国际奥委会后将举办地改为芬兰赫尔辛基,但由于第二次世界大战爆发,这届奥运会被迫取消)。

　　国际形势的剧变,影响了皮艾尔思考的重心。在最后的时日,他反对妇女参加体育竞赛的态度也有所改变了。这年8月,他对人说:

　　　　既然妇女们如此渴望参加奥运会,那就让她们参加吧,参加所有她们希望参加的项目。

1937 年 9 月 2 日,皮艾尔与夫人诺丹正在日内瓦公园里散步,不料他的心脏病突然发作。于是,诺丹立刻将他搀扶到一张长椅上坐下来。没想到,过了不久,他的心脏就停止了跳动。

由于皮艾尔生前的一半家产都捐献给了奥林匹克事业,其余的也都被战争与经济危机吞噬了,所以他去世的时候没有留下任何值得一提的财产。因此,妻子诺丹不得不变卖他生前的大部分藏书来维持自己和子女的生活。

后来,按照皮艾尔生前的遗愿,他的遗体被安葬在了洛桑市郊的小牛树林公墓里。1938 年,他的心脏被移葬于奥林匹克运动的发源地希腊奥林匹亚科罗努斯山的大理石纪念碑下。因为他希望自己能够永远感受到奥林匹克运动发展的脉搏。洁白的墓碑上镌刻着皮艾尔的头像,下面用英、法、希腊文写着:

现代奥林匹克运动的创始人顾拜旦

(1863—1937)

从这以后,在每一届奥运会圣火的采集仪式上,手持火炬的人都要面对皮艾尔·德·顾拜旦的纪念碑深深鞠躬,然后再缓步绕行纪念碑一周,向这位现代奥林匹克运动的伟大先驱表示崇高的敬意。